한 권으로 읽는

불교 고전

초기 경전부터 선사의 법어집까지

한 권으로 읽는 불교 고전

곽철환 지음

불광출판사

일러두기

- ⑤는 산스크리트(sanskrit), ⑩는 팔리어(pāli語)를 가리킨다.

- 음사(音寫)는 산스크리트 또는 팔리어를 한자로 옮길 때, 번역하지 않고 소리 나는 대로 적은 것을 말한다. 예) 반야(般若, ⑤ prajñā ⑩ paññā), 열반(涅槃, ⑤ nirvāna ⑩ nibbāna)

- 전거에서, 예를 들어 『잡아함경(雜阿含經)』 제15권 제379경'의 379는 『대정신수대장경(大正新脩大藏經)』의 경 번호이다. 니카야(nikāya)의 경우 『디가 니카야』 22, 「대염처경(大念處經)」과 『맛지마 니카야』 54, 「포탈리야경」의 22와 54는 경 번호이고, 『상윳타 니카야』 56 : 11, 전법륜(轉法輪)'에서 56은 분류(division) 번호이고, 11은 경 번호이다.

- 초기 경전의 '불(佛)'은 고타마 붓다를 지칭하는 것으로 보아 '붓다'로 옮겼고, 대승 경론에서는 여러 '불(佛)'이 등장하는데 '부처님'으로 옮겼다.

불교에 관심을 가지고 그 속으로 들어가 보려 하지만 그게 그리 간단치 않다. 왜냐하면 대장경이 너무 방대해서 어느 불전(佛典)을 읽어야 할지 막연하기 때문이다.

이 책은 대장경에서 널리 읽히는 불전을 가려 뽑고, 그 불전의 요점이 되는 부분을 발췌하여 번역하고 해설한 것이다. 따라서 한 텍스트를 다 읽지 않고도 그 핵심 내용을 알 수 있을 것이다.

불교의 시작은 초기불교이다. 그래서 '아함부(阿含部)와 니카야(nikāya)'에서 초기불교를 간략하게 정리했다.

불교를 학습하는 과정에서 지나치게 '앎'을 추구할 필요는 없다. 왜냐하면 어차피 문자는 약이 아니라 처방전일 수밖에 없으니까. 그래서 불전을 읽다가 자신에게 요긴하다고 생각되는 가르침을 정리하여 반복해서 되새기고, 여러 수행 가운데 자신의 성향에 맞는 하나를 선택해서 지속적으로 닦아나가는 것, 이것이 불교 학습의 요점이다.

이 가이드북으로 불교의 숲속을 거닐다가 편히 쉴 수 있는 자리를 만나길 바란다.

2015년 여름, 곽철환

목차

◦ 일러두기 ·· 4
◦ 머리글 ·· 5

초기 경전

열반에 이르는 첫 걸음
대염처경 ·· 12

수행자를 위한 진리의 나침반
법구경 ·· 26

붓다의 최후 설법
불유교경 ·· 34

어리석음을 경계하는 방편설
비유경 ·· 41

최초의 한역(漢譯) 불전
사십이장경 ·· 45

가장 오래된 붓다의 말씀
숫타니파타 ··51

초기불교의 성전
아함부와 니카야 ··60

붓다의 마지막 여정
유행경 ··122

대승 경전

청정한 세계를 보는 눈
관무량수경 ··136

대자대비한 중생의 어머니
관음경 ··144

대승불교 사상의 정수
금강경 ··150

대립을 떠난 무분별의 깨달음
능가경 ··162

수행과 신행의 길잡이
능엄경 ··170

부처님의 열반과 그 후
대반열반경 ·· 176

48원(願)으로 세운 불국토
무량수경 ·· 183

용화세계의 미래 부처님
미륵경 ·· 187

지혜를 완성하는 깨달음의 찬가
반야심경 ·· 192

1승(乘)의 가르침을 품은
대승 경전의 꽃
법화경 ·· 200

보현보살의 열 가지 행원
보현행원품 ·· 208

부모 은혜에 보답하는 길
부모은중경 ·· 213

마음에 깃든 여래의 청정한 씨앗
승만경 ·· 217

극락으로 가는 일심염불
아미타경 ·· 224

부모의 복락을 구하는 공양
우란분경 ·· 228

청정한 경지에 이르는 수행 지침
원각경 ·· 232

대승보살의 지극한 경지
유마경 ·· 241

육도중생을 해탈시키는 보살
지장경 ·· 248

장엄한 대승불교의 세계
화엄경 ·· 252

대승 논서

대승의 본질을 밝힌 개론서
대승기신론 ·· 270

마음 작용에 관한 서른 가지 노래
유식삼십론송 ·· 284

극단을 타파하는 중도의 논리
중론 ·· 293

선사의 법어집

해탈에 들어서는 한 문
돈오입도요문론 ·· 312

마음을 밝혀 닦는 비결
수심결 ·· 321

선의 궁극을 설한 시문
신심명 ·· 327

돈오견성의 교과서
육조단경 ·· 335

일심에 대한 법문
전심법요 ·· 343

하룻밤에 얻은 선의 정수
증도가 ·· 348

◦ 찾아보기 ·· 356

◎

초기 경전

초기불교는 고타마 붓다와 그의 직계 제자들의 가르침을 말한다. 따라서 초기불교는 불교의 근원이고 시작이다. 초기불교의 자료는 남방 상좌부의 니카야(nikāya)와 북방에서 한역된 아함(阿含, ⓢⓅ āgama)이다. 니카야는 '부(部)'·'부파(部派)'라는 뜻이고, 아함은 '전해 온 가르침'이라는 뜻이다. 니카야와 아함에는 붓다의 가르침이 대부분 원형 그대로 담겨 있어 불교의 본바탕이 된다.

붓다가 입멸(기원전 544년)한 후 그의 가르침과 계율에 대한 결집(結集)이 제자들에 의해 착수되었다. 결집이라는 말은 '모으는 것', 즉 편집이라는 뜻인데 오늘날의 편집과는 다르다. 그것은 문자를 사용하는 것이 아니라, 모두 함께 외우고 기억하는 형식으로 진행되었다. 그래서 결집을 합송(合誦)이라고도 한다.

제1차 결집, 제2차 결집을 거쳐 기원전 3세기경에 아쇼카 왕의 주선으로 화씨성(華氏城)의 아육승가람(阿育僧伽藍)에 1천여 명의 비구들이 모여 결집을 했다. 여기서는 가르침과 계율뿐 아니라 그에 대한 주석서인 논(論)을 정리했는데, 이것을 제3차 결집이라 한다. 경(經)·율(律)·논(論)의 3장(藏, ⓢ tri-piṭaka)이 이때부터 갖추어지게 되었다. 트리 피타카(tri-piṭaka)에서 tri는 '3', piṭaka는 '바구니'라는 뜻이다. 고대 인도인들은 이 세 가지를 나뭇잎에 새겨 각각 바구니 속에 보관했기 때문에 3장이라 한다.

그리고 제3차 결집 이후부터 그동안 합송으로 구전되어 오던 가르침을 문자로 기록하기 시작했는데, 지금 전하는 초기불교의 3장은 제3차 결집 이후부터 문자로 기록되어 전승한 것이다.

열반에 이르는 첫 걸음

大念處經

대염처경

◎

초기불교의 수행법에서 가장 중요한 4염처(念處)를 설한 경으로, 『디가 니카야(dīgha-nikāya)』제22이다. 4염처는 네 가지 알아차리기의 확립, 즉 몸[身]·느낌[受]·마음[心]·법(法)을 있는 그대로 관찰해서 알아차리기를 확립한다는 뜻이다. 『대염처경』의 내용은 다음과 같다.

(1) 몸에 대해 알아차리기

① 들숨과 날숨을 알아차리기

② 행주좌와(行住坐臥)를 알아차리기

③ 일상의 온갖 동작을 분명하게 알기

④ 몸에 대해 싫어하는 마음을 일으키기

⑤ 4대(大)를 관찰하기

⑥ 묘지에서 닦는 부정관(不淨觀)

(2) 느낌에 대해 알아차리기

(3) 마음에 대해 알아차리기

(4) 법에 대해 알아차리기

① 5개(蓋)에 대해 알아차리기

② 5온(蘊)에 대해 알아차리기

③ 6내외처(內外處)에 대해 알아차리기

④ 7각지(覺支)에 대해 알아차리기

⑤ 4성제(聖諦)에 대해 알아차리기

알아차리기는 사티(ⓟ sati)의 번역이다. 사티는 '지금 이 순간의 현상에 집중해서 그것에 대한 어떠한 판단도 하지 않으면서 지속적으로 알아차리고 그냥 지켜보기만 하는 것'이다. 지금 어떠한 현상이 일어나든지, 지금 무엇을 하고 있든지, 매 순간 그것에 집중해서 알아차리는 것이다. 온갖 생각을 내려놓고 매 순간 '지금 이것'에 집중하고, 지금 하고 있는 일에만 주의를 기울이는 것이다.

'판단하지 않는다.'는 것은 '좋다/싫다' 등의 분별을 하지 않는다는 뜻이고, 분별한다는 것은 감정이 개입되었다는 뜻이다. '좋다/싫다' 등의 분별을 하면 좋은 것에는 탐욕이 생겨 집착하게 되고, 싫은 것에는 분노를 일으키게 된다. '지켜보기만 한다.'는 것은 그냥 있는 그대로 받아들인다는 뜻이다.

4염처는 몸·마음·느낌·법에서 일어나고 사라지는 생멸을 끊임없이 알아차림으로써 '지금 이 순간'에 집중하여 불건전한 영상(映像)이나 관념이 일어나지 않게 하고, 탐(貪)·진(瞋)·치(癡)가 침입하지 못하게 하는 것이다. 지금 몸-마음에서 일어나고 사라지는 모든 현상을 매 순간 하나도 빠뜨림 없이 알아차려서 그것이 모두 무상(無常)·고(苦)·무아(無我)라고 통찰하게 되면, 몸-마음에 대한 집착이 점점 희박해져 가고, 그것의 속박에서 점차 벗어나게 된다.

이 알아차리기는 사마타(Ⓟ samatha, 止)와 위빳사나(Ⓟ vipassanā, 觀)의 바탕이 되고, 위빳사나는 열반으로 가는 수행이므로 초기불교의 수행은 알아차리기에서 시작된다. 요점은 '알아차려서 통찰한다.'이다.

4염처(念處)란 무엇인가

세존께서 말씀하셨다.

"비구들아, 이것은 모든 중생을 청정하게 하고, 근심과 탄식을 건너게 하고, 육체적 괴로움과 정신적 괴로움을 사라지게 하고, 올바른 길을 터득하게 하고, 열반을 실현하게 하는 유일한 길이다. 그것은 곧 4염처(念處)이다.

무엇이 4염처인가?

비구들아, 비구가 몸[身]에서 몸을 관찰하면서 머문다. 세간에 대한 탐욕과 싫어하는 마음을 버리고, 근면하게 분명한 앎과 알아차리기를 지니고 머문다.

느낌[受]에서 느낌을 관찰하면서 머문다. 세간에 대한 탐욕과 싫어하는 마음을 버리고, 근면하게 분명한 앎과 알아차리기를 지니고 머문다.

마음[心]에서 마음을 관찰하면서 머문다. 세간에 대한 탐욕과 싫어하는 마음을 버리고, 근면하게 분명한 앎과 알아차리기를 지니고 머문다.

법(法)에서 법을 관찰하면서 머문다. 세간에 대한 탐욕과 싫어하는 마음을 버리고, 근면하게 분명한 앎과 알아차리기를 지니고 머문다."

여기서 '몸[身]에서 몸을 관찰하면서'는 몸에서 일어나고 사라지는 변화의 순간순간을 놓치지 않고 지속적으로 관찰한다는 뜻이고, '탐욕과 싫어하는 마음을 버리고'는 2분법의 분별을 버린다는 뜻이며, '법(法)에서 법을 관찰하면서'는 매 순간 끊임없이 생멸을 거듭하는 안팎의 현상을 지속적으로 관찰한다는 뜻이다.

들숨과 날숨을 알아차리기

"비구들아, 비구는 어떻게 몸에서 몸을 관찰하면서 머무는가?

비구들아, 비구는 숲속에 가거나 나무 아래에 가거나 한적한 곳에 가서 가부좌하고 상체를 곧게 세우고 전면에 알아차리기를 확립하고 앉는다. 그러고는 알아차리면서 숨을 들이쉬고 알아차리면서 숨을 내쉰다. 길게 들이쉬면서 '길게 들이쉰다.'고 알고, 길게 내쉬면서 '길게 내쉰다.'고 안다. 짧게 들이쉬면서 '짧게 들이쉰다.'고 알고, 짧게 내쉬면서 '짧게 내쉰다.'고 안다.

'온 몸을 파악하면서 숨을 들이쉬리라.' 하며 수행하고, '온 몸을 파악하면서 숨을 내쉬리라.' 하며 수행한다. '몸의 작용을 편안히 하면서 숨을 들이쉬리라.' 하며 수행하고, '몸의 작용을 편안히 하면서 숨을 내쉬리라.' 하며 수행한다."

느낌에 대해 알아차리기

"비구들아, 어떻게 비구가 느낌에서 느낌을 관찰하면서 머무는가?

비구들아, 비구는 즐거운 느낌을 느끼면서 '즐거운 느낌을 느낀다.'고 알고, 괴로운 느낌을 느끼면서 '괴로운 느낌을 느낀다.'고 알고, 괴롭지도 즐겁지도 않은 느낌을 느끼면서 '괴롭지도 즐겁지도 않은 느낌을 느낀다.'고 안다. (…) 이와 같이 안으로, 또는 밖으로, 또는 안팎으로 느낌에서 느낌을 관찰하면서 머문다. 또는 느낌에서 일어나는 현상을 관찰하면서 머물고, 또는 느낌에서 사라지는 현상을 관찰하면서 머물고, 또는 느낌에서 일어나기도 하고 사라지기도 하는 현상을 관찰하면서 머문다. 또는 그는 '느낌이 있다.'고 하는 알아차리기를 잘 확립한다. 알아차리기는 분명한 앎을 위한 것이고, 매 순간을 놓치지 않기 위한 것이다. 이제 그는 애욕과 그릇된 견해에 의지하지 않고 머물고, 세간의 어떠한 것에도 집착하지 않는다. 비구들아, 이와 같이 비구는 느낌에서 느낌을 관찰하면서 머문다."

마음에 대해 알아차리기

"비구들아, 어떻게 비구가 마음에서 마음을 관찰하면서 머무는가?

비구들아, 비구는 탐욕이 있는 마음을 탐욕이 있는 마음이라 알고, 탐욕이 없는 마음을 탐욕이 없는 마음이라 안다. 또는 분노가 있는 마음을 분노가 있는 마음이라 알고, 분노가 없는 마음을 분노가 없는 마음이라 안다. 어리석음이 있는 마음을 어리석음이 있는 마음이라 알고, 어리석음이 없는 마음을 어리석음이 없는 마음이라 안다. (…)

이와 같이 그는 안으로, 또는 밖으로, 또는 안팎으로 마음에서 마음을 관찰하면서 머문다. 또는 마음에서 일어나는 현상을 관찰하면서 머물고, 또는 마음에서 사라지는 현상을 관찰하면서 머물고, 또는 마음에서 일어나기도 하고 사라지기도 하는 현상을 관찰하면서 머문다. 또는 그는 '마음이 있다.'고 하는 알아차리기를 잘 확립한다. 알아차리기는 분명한 앎을 위한 것이고, 매 순간을 놓치지 않기 위한 것이다. 이제 그는 애욕과 그릇된 견해에 의지하지 않고 머물고, 세간의 어떠한 것에도 집착하지 않는다.

비구들아, 이와 같이 비구는 마음에서 마음을 관찰하면서 머문다."

5온(蘊)에 대해 알아차리기

"비구들아, 비구는 다섯 가지 집착의 무더기[五取蘊]라는 법에서 법을 관찰하면서 머문다.

비구들아, 어떻게 비구가 다섯 가지 집착의 무더기라는 법에서 법을 관찰하면서 머무는가?

비구들아, 비구는 '이것은 물질[色]이다.', '이것은 물질의 발생이다.', '이것은 물질의 소멸이다.'라고 안다. '이것은 느낌[受]이다.', '이것은 느낌의 발생이다.', '이것은 느낌의 소멸이다.'라고 안다. '이것은 생각[想]이다.', '이것은 생각의 발생이다.', '이것은 생각의 소멸이다.'라고 안다. '이것은 의지[行]이다.', '이것은 의지의 발생이다.', '이것은 의지의 소멸이다.'라고 안다. '이것은 인식[識]이다.', '이것은 인식의 발생이다.', '이것은 인식의 소멸이다.'라고 안다.

이와 같이 그는 안으로, 또는 밖으로, 또는 안팎으로 법에서 법을 관찰하면서 머문다. 또는 법에서 일어나는 현상을 관찰하면서 머물고, 또는 법에서 사라지는 현상을 관찰하면서 머물고, 또는 법에서 일어나기도 하고 사라지기도 하는 현상을 관찰하면서 머문다. 또는 그는 '법이 있다.'고 하는 알아차리기를 잘 확립한다. 알아차리기는 분명한 앎을 위한 것이고, 매 순간을 놓치지 않기 위한 것이다. 이제 그는 애욕과 그릇된 견해에 의지하지 않고 머물고, 세간의 어떠한 것에도 집착하지 않는다.

비구들아, 이와 같이 비구는 다섯 가지 집착의 무더기라는 법에서 법을 관찰하면서 머문다."

4성제(聖諦)에 대해 알아차리기

"비구들아, 비구는 4성제라는 법에서 법을 관찰하면서 머문다. 비구들아, 어떻게 비구가 4성제라는 법에서 법을 관찰하면서 머무는가?

비구는 '이것은 괴로움이다.'라고 있는 그대로 알고, '이것은 괴로움의 발생이다.'라고 있는 그대로 알고, '이것은 괴로움의 소멸이다.'라고 있는 그대로 알고, '이것은 괴로움의 소멸에 이르는 길이다.'라고 있는 그대로 안다.

비구들아, 무엇이 괴로움이라는 성스러운 진리인가?

태어남은 괴로움이고, 늙음은 괴로움이고, 병듦은 괴로움이고, 죽음은 괴로움이다. 근심·슬픔·통증·번민·절망은 괴로움이고, 원하는 것을 얻지 못하는 것은 괴로움이다. 간략히 말하면, 다섯 가지 집착의 무더기[五取蘊] 그 자체가 괴로움이다. (…)

비구들아, 무엇이 괴로움의 발생이라는 성스러운 진리인가?

그것은 갈애(渴愛)이다. 재생(再生)을 초래하고, 희열과 탐욕을 동반하며, 여기저기서 즐기는 것이니, 감각적 욕망에 대한 갈애[欲愛], 존재하는 것에 대한 갈애[有愛], 존재하지 않는 것에 대한 갈애[無有愛]이다. (…)

비구들아, 무엇이 괴로움의 소멸이라는 성스러운 진리인가?

갈애가 남김없이 소멸하고, 놓아버리고, 벗어나고, 집착하지 않는 것이다. (…)

비구들아, 무엇이 괴로움의 소멸에 이르는 길이라는 진리인가?
그것은 바로 8정도(正道)이니, 즉 바르게 알기[正見]·바르게 사유하기[正思惟]·바르게 말하기[正語]·바르게 행하기[正業]·바르게 생활하기[正命]·바르게 노력하기[正精進]·바르게 알아차리기[正念]·바르게 집중하기[正定]이다.

비구들아, 무엇이 바르게 알기인가?

괴로움[苦]에 대해 아는 것, 괴로움의 발생[集]에 대해 아는 것, 괴로움의 소멸[滅]에 대해 아는 것, 괴로움의 소멸에 이르는 길[道]에 대해 아는 것, 이것이 바르게 알기이다.

비구들아, 그러면 무엇이 바르게 사유하기인가?

번뇌의 속박에서 벗어난 사유, 악의가 없는 사유, 남을 해치지 않는 사유, 이것이 바르게 사유하기이다.

비구들아, 그러면 무엇이 바르게 말하기인가?

거짓말하지 않고, 이간질하지 않고, 거친 말을 하지 않고, 쓸데없는 말을 하지 않는 것, 이것이 바르게 말하기이다.

비구들아, 그러면 무엇이 바르게 행하기인가?

살생하지 않고, 도둑질하지 않고, 음란한 짓을 하지 않는 것, 이것이 바르게 행하기이다.

비구들아, 그러면 무엇이 바르게 생활하기인가?

성자의 제자들은 그릇된 생계를 버리고 바른 생계로 생활한다. 이것이 바르게 생활하기이다.

비구들아, 그러면 무엇이 바르게 노력하기인가?

비구가 아직 생기지 않은 악하고 불건전한 것들이 생기지 않도록 의욕을 가지고 부지런히 노력하는 데 마음을 쏟고, 이미 생긴 악하고 불건전한 것들을 끊으려는 의욕을 가지고 부지런히 노력하는 데 마음을 쏟고, 아직 생기지 않은 건전한 것들이 생기도록 의욕을 가지고 부지런히 노력하는 데 마음을 쏟고, 이미 생긴 건전한 것들을 유지하고 늘리고 계발하려는 의욕을 가지고 부지런히 노력하는 데 마음을 쏟는 것, 이것이 바르게 노력하기이다.

비구들아, 그러면 무엇이 바르게 알아차리기인가?

비구가 몸[身]에서 몸을 관찰하면서 머문다. 세간에 대한 탐욕과 싫어하는 마음을 버리고, 근면하게 분명한 앎과 알아차리기를 지니고 머문다.

느낌[受]에서 느낌을 관찰하면서 머문다. 세간에 대한 탐욕과 싫어하는 마음을 버리고, 근면하게 분명한 앎과 알아차리기를 지니고 머문다.

마음[心]에서 마음을 관찰하면서 머문다. 세간에 대한 탐욕과 싫어하는 마음을 버리고, 근면하게 분명한 앎과 알아차리기를 지니고 머문다.

법(法)에서 법을 관찰하면서 머문다. 세간에 대한 탐욕과 싫어하는 마음을 버리고, 근면하게 분명한 앎과 알아차리기를 지니고 머문다. 이것이 바르게 알아차리기이다.

비구들아, 무엇이 바르게 집중하기인가?

비구가 애욕과 불건전한 것들을 떠나고, 일으킨 생각과 지속적인 고찰이 있고, (애욕 등을) 떠남으로써 기쁨과 안락이 있는 초선(初禪)에 들어 머문다.

일으킨 생각과 지속적인 고찰이 가라앉고, 마음이 고요하고 한곳에 집중됨으로써 기쁨과 안락이 있는 제2선(禪)에 들어 머문다.

기쁨을 버리고 평온에 머물며, 알아차리기와 분명한 앎을 지녀 몸으로 안락을 느낀다. 성자들이 '평온과 알아차리기를 지니고 안락에 머문다.'고 한 제3선(禪)에 들어 머문다.

안락도 버리고 괴로움도 버리며, 이전에 기쁨과 슬픔을 없애버렸으므로 괴롭지도 즐겁지도 않고, 평온과 알아차리기로 청정해진 제4선(禪)에 들어 머문다.

비구들아, 이것이 바르게 집중하기이다."

들숨과 날숨을 알아차리는 수행을 거듭하여 4염처 수행에 이르고, 이 수행을 하는 과정에서 일어나는 다섯 가지 장애인 5개(蓋), 즉 탐욕·진에(瞋恚, 분노)·수면(睡眠, 혼미와 졸음)·도회(掉悔, 들뜸과 후회)·의(疑, 의심)를 점점 소멸시키고, 5온이 생멸하는 그 순간순간을 하나도 빠뜨리지 않고 알아차린다. 그 다음으로 6근(根)과 6경(境), 즉 6내외처(內外處)의 접촉으로 순간순간 일어나고 사라지는 것들을 끊임없이 알아차린다. 이러한 수행을 계속해 나가면 일곱 가지 깨달음의 요소들, 즉 7각지(覺支)를 체험하게 된다.

몸-마음이 안정되면서 알아차리기가 더욱 뚜렷해지고[念覺支], 몸-마음이라는 현상에 대한 이해가 깊어지면서[擇法覺支] 더욱 더 정진하게 되고[精進覺支], 가슴에 잔잔히 사무치는 평온한 기쁨을 느끼고[喜覺支], 몸-마음이 홀가분하여 안정되고[輕安覺支], 평온한 기쁨으로 안정된 마음은 더욱 집중하게 되고[定覺支], 일어났다가 사라지는 몸-마음의 온갖 현상들에 대해 집착하지도 저항하지도 않아 마음의 평온이 잘 유지된다[捨覺支]. 이 7각지를 닦아 지혜와 해탈을 성취하고, 위없고 바른 깨달음에 이른다.

수행자를 위한 진리의 나침반

法句經 법구경

◎

2권 | 법구(法救. ⓢ dharmatrāta)가 엮고, 오(吳)의 유기난(維祇難)이 번역했다. 팔리어 이름은 『담마파다(dhammapada)』이다. dhamma는 '법'·'진리', pada는 '구(句)'·'말씀'이라는 뜻이다.

초기불교의 교단에서 전해지던 게송들을 모아서 주제별로 분류하여 엮은 경으로, 팔리어본은 26품 423송이고, 한역본은 여기에 13품이 추가된 39품 752송이다.

육신은 깨끗하지 못하다고 주시하여
모든 감각기관을 다스리고 음식을 절제할 줄 알고
항상 즐거운 마음으로 정진하는 사람은
그릇된 것에 흔들리지 않는다.
마치 휘몰아치는 바람 속에 우뚝 선 큰 산처럼.

아무리 묘한 말씀 많이 읽어도
방탕하여 계율을 지키지 않고
탐욕과 분노와 어리석음에 빠져서
지관(止觀)을 닦지 않으면
소 떼와 같을 뿐
붓다의 제자라고 할 수 없다.

  - 「쌍요품(雙要品)」

마음은 미세하여 보기 어려운 것
욕망에 따라 움직인다.
지혜로운 사람은 항상 자신을 보호하나니
마음을 잘 지키면 편안해진다.

육신은 머지않아 흙으로 돌아가서
형체가 허물어지고 정신도 떠난다.
잠시 의지해서 머무는데 무엇을 탐할까.

  - 「심의품(心意品)」

몸이 병들어 야위는 것은
꽃이 시들어 떨어지는 것 같고
죽음이 닥치는 것은
여울의 급류 같다.

－「화향품(華香品)」

잠 못 이루는 사람에게 밤은 길고
지친 사람에게 길은 멀다.
어리석은 사람에게 고통의 길은 길고 머니
바른 법을 알지 못하기 때문이다.

－「우암품(愚闇品)」

5온(蘊)에 대한 집착을 끊고
고요히 사유하여 지혜로워지면
다시는 고통의 연못으로 돌아가지 않나니
모든 것을 버려 그 마음이 밝다.

－「명철품(明哲品)」

음식을 적당히 먹고
곳간에 쌓아두지 않으며
마음을 텅 비워 어떤 생각도 일으키지 않으니
모든 수행의 단계를 벗어났다.

－「나한품(羅漢品)」

사람이 비록 백 년을 산다 해도
불사(不死)의 경지를 보지 못하면
단 하루를 살더라도
불사의 경지를 맛보는 것만 못하다.

- 「술천품(述千品)」

복을 받아야 할 사람이 불행을 당하는 것은
선행의 열매가 무르익지 않았기 때문이니
그 선행의 열매가 무르익으면
반드시 복을 받으리라.

- 「악행품(惡行品)」

이 세상 모든 것에 해를 끼치지 않으면
죽을 때까지 해를 입지 않는다.
항상 모든 것을 자애롭게 대하니
누가 원망을 품겠는가.

- 「도장품(刀杖品)」

육신이 죽으면 정신은 떠나니
마부가 버린 수레와 같다.
살은 썩어 없어지고 백골은 흩어지니
이 몸을 어찌 믿고 의지할 수 있겠는가.

- 「노모품(老耄品)」

온갖 악을 짓지 않고
온갖 선을 받들어 행하여
스스로 그 마음을 깨끗이 하는 것
이것이 붓다의 가르침이다.

삶과 죽음은 몹시 괴롭지만
진리를 따르면 피안에 이른다.
세상 사람을 건지는 8정도(正道)는
온갖 괴로움을 없애준다.

− 「술불품(述佛品)」

사람의 수명은 아주 짧으니
세상의 잡다한 것 버려라.
배움에 있어서 요긴한 것만 취하여
늙어서 평안하도록 하여라.

− 「안녕품(安寧品)」

탐욕에서 근심이 생기고
탐욕에서 두려움이 생긴다.
해탈하여 탐욕을 없애면
무엇을 근심하고 두려워하랴.

− 「호희품(好喜品)」

마음에 어떠한 분별도 없고
속을 맑게 비우고 살아가며
이것과 저것에 모두 적멸한 사람
그를 성자라 한다.

－「봉지품(奉持品)」

전생에서 벗어나고 후생에서도 벗어나고
현생에서도 벗어나면 피안에 이른다.
모든 생각이 멸하면
다시는 늙고 죽는 일 없으리라.

－「도행품(道行品)」

홀로 앉고 홀로 눕고
홀로 거닐면서 마음을 가다듬고
한곳에 집중하여 몸을 바르게 하고
숲속에 머무는 것을 즐긴다.

－「광연품(廣衍品)」

비구야, 배 안의 물을 퍼내어라.
속이 비면 배가 잘 가리니
탐욕과 분노와 어리석음을 버리면
쉽게 열반에 이르리라.

선정에 들지 않으면 지혜를 얻지 못하고
지혜가 없으면 선정에 들 수 없다.
선정과 지혜를 좇으면 열반에 이를 수 있다.

배우려는 사람은 한적한 곳에 들어가
고요히 머물면서 마음을 쉬어라.
그윽한 곳에 혼자 있기를 즐기면서
한결같은 마음으로 법을 주시하라.

– 「사문품(沙門品)」

붓다의 최후 설법

佛遺教經

불유교경

◎

1권 ┃ 요진(姚秦)의 구마라집(鳩摩羅什, 344-413)이 번역했다. 본 이름은 『불수반열반약설교계경(佛垂般涅槃略說敎誡經)』이고, 줄여서 『유교경(遺敎經)』이라 한다. 붓다가 입멸하기 직전에 제자들에게 마지막으로 설한 가르침이다.

석가모니불께서 처음 법륜을 굴려 아야교진여(阿若憍陳如)를 제도하시고, 마지막으로 설법하여 수발타라(須跋陀羅)를 제도하시니, 제도해야 할 자들을 이미 다 제도하셨다. 사라쌍수 사이에서 열반에 드시려 하니, 때는 한밤중이고 고요하여 아무 소리도 없었다. 제자들을 위해 간략히 법요(法要)를 설하셨다.

근심과 두려움은 욕심에서 싹튼다

"비구들아, 욕심이 많은 사람은 이익을 구하는 게 많으므로 고뇌도 많다는 것을 알아야 한다. 그러나 욕심이 적은 사람은 구하는 것도 없고 바라는 것도 없으므로 근심·걱정이 없다. 욕심을 줄이기 위해 거듭 수행해야 하고, 욕심이 적으면 온갖 공덕이 생긴다. 욕심이 적은 사람은 남의 뜻을 구하기 위해 아첨할 일이 없고, 감각기관에 끌려가지 않는다. 욕심이 적은 사람은 마음이 평온하여 근심과 두려움이 없고, 부딪히는 일마다 여유가 있어 항상 부족함이 없다."

만족할 줄 아는 사람은 항상 안락하다

"비구들아, 온갖 고뇌에서 벗어나려면 만족할 줄 알아야 한다. 만족할 줄 아는 사람은 어디서나 넉넉하고 즐겁고 평온하다. 만족할 줄 아는 사람은 맨땅에 누워 있어도 편안하고 즐겁지만, 만족할 줄 모르는 사람은 천당에 있어도 뜻에 맞지 않다고 불평한다. 만족할 줄 모르는 사람은 가진 게 많아도 가난하고, 만족할 줄 아는 사람은 가진 게 없어도 부유하다."

한적한 곳에 머물러라

"비구들아, 고요한 무위(無爲)의 안락을 구하고자 하거든 시끄럽고 혼잡한 곳을 떠나 홀로 한적한 곳에 머물러야 한다. 고요한 곳에 있는 사람은 제석(帝釋)과 천신들이 공경하고 존중하게 된다. 그러므로 여러 대중을 버리고 한적한 삼림에 홀로 머물면서 괴로움의 근본을 없애려고 사유해야 한다. 대중을 좋아하는 자는 온갖 괴로움을 받게 되나니, 마치 큰 나무에 새들이 많이 모여들면 가지가 마르거나 부러질 염려가 있는 것과 같다. 세간에 속박되어 온갖 괴로움에 빠지는 것은 마치 늙은 코끼리가 진흙 속에 빠져 헤어나지 못하는 것과 같다."

지혜는 해탈로 가는 등불이다

"비구들아, 지혜로운 사람은 탐욕과 집착이 없다. 늘 스스로 성찰해서 지혜를 잃지 않아야 한다. 이것이 나의 가르침 가운데 해탈로 가는 지름길이다. 그렇지 못한 자는 출가자도 아니고 속인도 아니라서 무어라고 말할 수 없다. 진실한 지혜는 늙고 병들고 죽는 고통의 바다를 건너게 하는 견고한 배이고, 무명의 어둠을 밝히는 등불이다. 병든 자에게는 좋은 약이고, 번뇌의 나무를 잘라버리는 날카로운 도끼다. 그러니 너희들은 반드시 듣고[聞], 사유하고[思], 닦은[修] 지혜로 자신을 잘 길러야 한다. 지혜의 빛이 있으면 육안으로도 밝게 볼 수 있다."

4제(諦)는 변하지 않는다

"나는 병에 따라 약을 처방해 주는 의사와 같으니, 그 약을 먹지 않는 것은 의사의 탓이 아니다. 또 길을 안내하는 길잡이와 같으니, 인도하는 대로 따르지 않는 것은 길잡이의 탓이 아니다. 너희들 가운데 고(苦)·집(集)·멸(滅)·도(道)의 4제(諦)에 대해 의문이 있으면 지금 물어라. 의문이 있는데도 해결을 구하지 않는 이는 없는가?"

세존께서 이와 같이 세 번 말씀하셨으나 묻는 사람이 없었다. 왜냐하면 아무도 의문이 없었기 때문이다. 그때 아누루타(阿㝹樓馱)가 대중의 마음을 관찰하고 말했다.

"세존이시여, 달을 뜨겁게 할 수 있고 해를 차갑게 할 수 있어도, 붓다께서 설하신 4제는 결코 변화시킬 수 없습니다. 고제(苦諦)는 진실로 괴로움이므로 즐겁게 할 수 없고, 집제(集諦)는 진실로 괴로움의 원인이어서 다른 원인이 없고, 괴로움이 소멸한다면 그 원인이 소멸하고 원인이 소멸하므로 결과가 소멸하며[滅諦], 괴로움을 소멸하는 길[道諦]은 진실한 길이어서 다른 길은 없습니다. 세존이시여, 비구들은 4제에 대해 조금도 의심이 없습니다."

부지런히 수행해서 번뇌에서 벗어나라

아누루타가 대중이 모두 4성제(聖諦)의 뜻을 밝게 안다고 했지만 세존께서는 그들의 마음을 단단히 하기 위해 대비심으로 다시 말씀하셨다.

"비구들아, 슬퍼하거나 괴로워하지 마라. 내가 이 세상에서 한 겁을 더 머문다고 해도 모인 것은 반드시 소멸하기 마련이다. 만났다가 헤어지지 않는 것은 결코 있을 수 없는 일이다. 자신도 이롭고 남도 이롭게 하는 가르침을 이미 다 설했으니, 내가 더 오래 머문다고 해도 이로울 게 없다. 제도할 수 있는 자들은 이미 다 제도했고, 아직 제도되지 못한 자들은 제도될 수 있는 인연을 이미 지어 놓았다. 지금부터 내 제자들이 꾸준히 수행한다면, 여래의 법신(法身)이 항상 머물러 없어지지 않을 것이다. 세상의 모든 것은 무상하여 만나면 반드시 헤어지는 것이니, 너무 근심하지 마라. 세간이 이러하니 부지런히 정진해서 빨리 해탈을 구하고 지혜의 광명으로 어리석음의 어둠을 없애라.

세상은 참으로 위태롭고 허약해서 견고하고 튼튼한 게 없다.

내가 지금 멸도(滅度)하는 것은 나쁜 병을 없애는 것과 같다. 이 육신은 버려야 할 허물 많은 물건이거늘, 임시로 몸이라는 이름을 붙여 생로병사의 큰 바다에 빠져 있으니, 지혜로운 자가 이를 제거하여 없애는 것은 마치 원수나 도적을 없애는 것과 같으니 어찌 기뻐하지 않겠는가.

비구들아, 항상 한마음으로 부지런히 수행해서 번뇌에서 벗어나라. 세간에서 움직이거나 움직이지 않는 모든 현상은 다 허물어지는 불안한 모습니다. 너희들은 아무 말도 하지 마라. 나는 이제 멸도하려 한다. 이것이 나의 마지막 가르침이다."

어리석음을 경계하는 방편설

譬喩經

비유경

◎

1권 ｜ 당(唐)의 의정(義淨, 635-713)이 번역했다. 본 이름은 『불설비유경(佛說譬喩經)』이다.

　무상하여 매 순간 목숨이 소멸해 가는데도 불구하고, 그것을 절실하게 느끼지 못하고 애욕에 빠져 있는 어리석은 중생의 모습을 비유한 설화이다.

어느 때 세존께서 실라벌성(室羅伐城) 서다림급고독원(誓多林給孤獨園)에 계셨다. 그때 세존께서 대중 가운데서 승광왕(勝光王)에게 말씀하셨다.

"대왕이여, 나는 지금 대왕을 위해 간단한 비유로써 생사의 맛과 집착과 허물과 근심을 말하려고 하니, 왕은 잘 듣고 기억하십시오.

한량없는 겁(劫) 이전에 어떤 사람이 광야를 지나던 중 사나운 코끼리에게 쫓겨 떨면서 달아나다가 우물과 그 옆에 있는 나무뿌리를 보았소. 그는 재빨리 나무뿌리를 잡고 우물 속으로 내려가 몸을 숨겼소. 그런데 그때 검은 쥐와 흰 쥐가 번갈아 나무뿌리를 갉고 있었고, 우물의 4면에는 네 마리 독사가 그를 물려 하였고, 우물 밑에는 독룡(毒龍)이 있었소. 그는 독룡과 독사가 무서웠고 나무뿌리가 끊어질까 두려웠소. 그런데 나무뿌리에 있는 벌집에서 다섯 방울씩 떨어지는 꿀맛에 탐닉했고, 나무가 흔들리자 벌이 흩어졌다가 내려와 그를 쏘았고, 들판에는 불이 일어나 그 나무를 태우고 있었소."

왕이 말했다.

"그 사람은 어찌하여 한량없는 고통을 받으면서 그 하찮은 맛을 탐했습니까?"

그때 세존께서 말씀하셨다.

"대왕이여, 광야란 끝없는 무명(無明)의 긴 밤을 비유한 것이요, 그 사람은 중생에 비유한 것이요, 코끼리는 무상(無常)을 비유한 것이요, 우물은 생사를 비유한 것이요, 험한 언덕의 나무뿌리는 목숨을 비유한 것이요, 검은 쥐와 흰 쥐는 밤과 낮을 비유한 것이요, 나무뿌리를 갉는 것은 순간순간 목숨이 소멸해가는 데 비유한 것이요, 네 마리 독사는 4대(大)를 비유한 것이요, 꿀은 5욕(欲)을 비유한 것이요, 벌은 그릇된 생각을 비유한 것이요, 불은 늙음과 병을 비유한 것이요, 독룡은 죽음을 비유한 것입니다.

그러므로 대왕은 알아야 하오. 생로병사는 참으로 두려워해야 할 것이니, 항상 그것을 명심하고 5욕에 사로잡히지 말아야 하오."

최초의 한역(漢譯) 불전

四十二章經 사십이장경

◎

1권 | 후한(後漢)의 가섭마등(迦葉摩騰)과 축법란(竺法蘭)이 번역했다. 가섭마등과 축법란은 중인도 출신의 승려로, 67년에 함께 후한의 낙양(洛陽)에 오니 명제(明帝, 재위 57-75)가 그들을 위해 낙양에 백마사(白馬寺)를 지었다고 한다. 따라서 『사십이장경』은 중국에서 처음으로 번역된 경전이고, 백마사는 최초의 사찰이다.

『사십이장경』은 불교의 중요한 교훈들을 가려 뽑아 42단락으로 분류하여 적절한 비유로 설한 경으로, 내용이 쉽고 간명하여 불교 입문서로 널리 읽히고 있다.

악을 행하지 마라

붓다께서 말씀하셨다.

"어떤 사람이 내가 도(道)를 지키고 큰 자비를 행한다는 말을 듣고는 일부러 찾아와서 나에게 욕했다. 내가 묵묵히 상대하지 않으니, 그는 욕하기를 그쳤다. 그에게 물었다.

'그대가 어떤 사람에게 선물을 했는데 그 사람이 받지 않는다면, 그 선물을 그대가 도로 가지고 가야 하지 않겠는가?'

'가지고 돌아가야지요.'

내가 말했다.

'지금 그대가 나에게 욕했는데 내가 받지 않았으니, 그대는 욕한 허물을 가지고 돌아가게 되었다. 그것은 마치 메아리가 소리를 따르고 그림자가 형체를 따르는 것과 같으니 부디 악을 행하지 마라.'"

삶에서의 스무 가지 어려움

붓다께서 말씀하셨다.

"사람에게는 스무 가지 어려움이 있다. 가난하면 보시하기 어렵고, 부유하면 도를 배우기 어렵고, 목숨을 버려 죽기 어렵고, 부처님의 경전을 보기 어렵고, 살아서 부처님의 세상을 만나기 어렵고, 성욕과 욕심을 참기 어렵고, 좋은 것을 보고 탐내지 않기 어렵고, 모욕을 당하고 화내지 않기 어렵고, 세력이 있는데 그것을 쓰지 않기 어렵고, 일에 부딪쳐 무심하기 어렵고, 널리 배워 깊이 연구하기 어렵고, 아만을 버리기 어렵고, 배우지 못한 사람을 가볍게 여기지 않기 어렵고, 평등한 마음을 내기 어렵고, 잘잘못을 말하지 않기 어렵고, 선지식을 만나기 어렵고, 도를 배워서 견성하기 어렵고, 사람을 가르쳐서 구제하기 어렵고, 대상을 보고 마음이 동요되지 않기 어렵고, 방편을 잘 알기 어렵다."

몸은 허깨비와 같다

붓다께서 말씀하셨다.

"몸을 이루는 4대(大)는 각각 이름만 있고 '자아'는 없다고 생각하라. '자아'가 없으니 그것은 허깨비와 같다."

의심 말고 정진하라

붓다께서 말씀하셨다.

"도를 닦는 것은 마치 물에 뜬 나무가 물결 따라 흘러가는 것과 같다. 물결 따라 흘러가지만 양쪽 기슭에 걸리지 않고, 사람에게 잡히지 않고, 귀신의 장애도 받지 않고, 소용돌이를 만나 머물지 않고, 썩지 않는다면, 이 나무는 반드시 바다에 이를 것이다. 도를 배우는 사람이 정욕에 빠지지 않고, 온갖 그릇된 도에 휘둘리지 않고, 의심하지 않고 정진하면, 이 사람은 반드시 도를 얻을 것이다."

어느 쪽으로도 치우치지 마라

어떤 사문(沙門)이 밤에 가섭불(迦葉佛)의『유교경(遺敎經)』을 읽는데, 그 구절이 구슬프고 절박해 그만 두려고 했다. 붓다가 사문에게 물었다.

"너는 예전에 집에 있을 때 무슨 일을 했느냐?"

"거문고 타기를 즐겼습니다."

"거문고 줄이 느슨하면 어떠하던가?"

"소리가 나지 않습니다."

"거문고 줄이 팽팽하면 어떠하던가?"

"소리가 끊어집니다."

"느슨하지도 팽팽하지도 않고 알맞으면 어떠하던가?"

"온갖 소리가 잘 납니다."

그러자 붓다께서 말씀하셨다.

"사문이 도를 배우는 것도 그와 같아서 마음이 고르고 알맞아야 도를 얻을 수 있다. 도에 대해 조급하게 생각하면 몸이 피로하고, 몸이 피로하면 마음이 괴롭고, 마음이 괴로우면 수행에서 물러나고, 수행에서 물러나면 죄만 늘어나게 된다. 마음이 청정하고 안락해야 도를 잃지 않을 것이다."

사람 목숨은 호흡 사이에 있다

붓다께서 어떤 사문에게 물으셨다.

"사람의 목숨은 얼마 동안인가?"

"며칠 사이입니다."

"너는 아직 도를 모르는구나."

다른 사문에게 물으셨다.

"사람의 목숨은 얼마 동안인가?"

"밥 먹는 사이입니다."

"너도 아직 도를 모르는구나."

또 다른 사문에게 물으셨다.

"사람의 목숨은 얼마 동안인가?"

"호흡 사이입니다."

"좋구나, 너는 도를 아는구나!"

가장 오래된 붓다의 말씀

숫타니파타

sutta-nipāta

◎

숫타(ⓅSutta)는 '경(經)', 니파타(Ⓟnipāta)는 '모음[集]'이라는 뜻이다. 가지각색의 시(詩)와 이야기를 모은 시문집(詩文集)으로, 다섯 장으로 나뉘어 있고 각 장에 여러 개의 경이 수록되어 있다.

뱀의 장[蛇品]

12경이 수록되어 있는데, 제1경은 탐욕과 집착에서 벗어나는 수행자의 모습을 '뱀이 묵은 허물을 벗어버리듯이.'라고 비유하여 시의 끝부분에 반복한다. 제3경은 '무소의 뿔처럼 혼자서 가라.'는 말을 시의 끝부분에 되풀이하면서 고독한 수행자를 격려하고, 제8경은 자비를 열 편의 소박한 시로 설명했다.

뱀의 독이 몸에 퍼지는 것을 약초로 다스리듯
분노가 일어나는 것을 다스리는 수행자는
이 세상도 저 세상도 다 버린다.
마치 뱀이 묵은 허물을 벗어버리듯이.

연못에 들어가 연꽃을 꺾듯
애욕을 다 끊어버린 수행자는
이 세상도 저 세상도 다 버린다.
마치 뱀이 묵은 허물을 벗어버리듯이.

거세게 흐르는 욕망의 물살을
남김없이 다 말려버린 수행자는
이 세상도 저 세상도 다 버린다.
마치 뱀이 묵은 허물을 벗어버리듯이.

약한 갈대 둑을 거센 물결이 무너뜨리듯
교만한 마음을 다 없애버린 수행자는
이 세상도 저 세상도 다 버린다.
마치 뱀이 묵은 허물을 벗어버리듯이.

미워하는 마음이 없고
부귀영화에 흔들리지 않는 수행자는
이 세상도 저 세상도 다 버린다.
마치 뱀이 묵은 허물을 벗어버리듯이.

온갖 생각을 다 태워버리고
마음을 잘 정돈한 수행자는
이 세상도 저 세상도 다 버린다.
마치 뱀이 묵은 허물을 벗어버리듯이.

너무 급하지도 느리지도 않고
모든 것이 덧없다는 것을 아는 수행자는
이 세상과 저 세상을 다 버린다.
마치 뱀이 묵은 허물을 벗어버리듯이.

- 제1경

살아 있는 것들에게 폭력을 쓰지 말고
살아 있는 것들에게 상처를 주지 말며
자녀도 원하지 말지니
하물며 친구이랴.
무소의 뿔처럼 혼자서 가라.

사귐이 깊어지면 애착이 생기고
애착이 있으면 고통의 그림자가 따르나니
애착에서 근심이 생기는 줄 알고
무소의 뿔처럼 혼자서 가라.

친구나 주위 사람들을 너무 좋아하여
마음이 그들에게 얽매이면
유익함을 잃나니
사귐에서 오는 부작용을 살펴
무소의 뿔처럼 혼자서 가라.

묶이지 않은 사슴이
숲속에서 먹이를 찾아 이리저리 다니듯이
지혜로운 이는 자유로운 삶을 찾아
무소의 뿔처럼 혼자서 가라.

어느 곳이든 가고 싶은 대로 가거라.
남을 해치려는 마음을 갖지 말고
무엇을 얻든 그것으로 만족하라.
온갖 고난을 이겨 두려움 없이
무소의 뿔처럼 혼자서 가라.

큰 소리에도 놀라지 않는 사자처럼
그물에 걸리지 않는 바람처럼
물에 젖지 않는 연꽃처럼
무소의 뿔처럼 혼자서 가라.

자비와 기쁨과 평등과 해탈을
때때로 익히고
이 세상을 아주 등지는 일 없이
무소의 뿔처럼 혼자서 가라.
- 제3경

현명한 사람들로부터 비난 받을
비열한 짓을 결코 해서는 안 된다.
살아 있는 것들은 다
행복하고 안락하여라.

눈에 보이는 것이나 보이지 않는 것이나
멀리 살고 있는 것이나 가까이 살고 있는 것이나
이미 태어난 것이나 앞으로 태어날 것이나
살아 있는 것들은 다 행복하여라.

어머니가 외아들을 목숨 바쳐 보호하듯
살아 있는 모든 것들에게
한없는 자비심을 일으켜라.

서 있거나 걸어가거나 앉아 있거나 누워 있거나
잠자지 않는 동안에는
자비심을 굳게 지녀라.
이것이야말로 참으로 청정한 삶이다.

– 제8경

작은 장[小品]

14경이 수록되어 있는데, 제2경은 욕망·험담·인색·분노·교만
등을 '불결한 음식'이라 표현한다. 제3경은 친구의 우정에 대한
이야기이고, 제8경은 진리로 이끄는 방편을 터득한 사람과 사귀
라고 한다.

큰 장[大品]

12경이 수록되어 있는데, 이 가운데 제1경과 제2경과 제10경은 붓다의 생애를 담고 있어서 가장 오래된 불전(佛傳)이다. 제9경은 4성(姓)이 평등한 이치를 설하고, 제12경은 소박한 형식으로 4성제(聖諦)를 설한다.

괴로움[苦]을 알지 못하고
괴로움의 발생[集]을 알지 못하고
괴로움의 완전한 소멸[滅]을 알지 못하고
괴로움의 소멸에 이르는 길[道]을 알지 못하는 사람들

그들은 마음의 해탈을 얻지 못하고
지혜의 해탈도 얻지 못한다.
그들은 윤회를 끊지 못했으니
삶과 죽음을 계속한다.

그러나 괴로움을 알고
괴로움의 발생을 알고
괴로움의 완전한 소멸을 알고
괴로움의 소멸에 이르는 길을 아는 사람들

그들은 마음의 해탈을 얻고

지혜의 해탈도 얻는다.

그들은 윤회를 끊었으니

삶과 죽음을 더 이상 계속하지 않는다.

- 제12경

여덟 가지 시구의 장[義品]

16경이 수록되어 있는데, 욕망·악의·청정·늙음 등에 대해 설했다.

피안에 이르는 장[彼岸道品]

이 장은 다른 장과는 달리 하나의 줄거리로 되어 있다. 한 바라문과 그의 열여섯 제자들이 한 사람씩 붓다에게 질문하고, 붓다는 거기에 대답한다. 이런 문답이 제2경 이하 제17경까지 이어지고 제18경에서 마무리했다.

초기불교의 성전

阿含部 nikāya

아함부와 니카야

◎

아함(阿含)은 아가마(⑤ⓟ āgama)의 음사이고, '전해 온 가르침'이라는 뜻이다. 불교 최초의 경전이 팔리어로 된 니카야(nikāya)이고, 여기에 해당하는 산스크리트본이 아가마이다. 이 아가마를 한문으로 번역한 것이 아함부이고, 여기에는 초기불교 시대에 성립된 약 2천 개의 경전들이 있다. 한역된 아함에는 네 가지가 있다.

① 『장아함경(長阿含經)』 - 22권 30경.

　문장의 길이가 긴 경전을 모은 것.

② 『중아함경(中阿含經)』 - 60권 222경.

　문장의 길이가 중간 정도인 경전을 모은 것.

③ 『잡아함경(雜阿含經)』 - 50권 1,362경.

　문장의 길이가 짧은 경전을 모은 것.

④ 『증일아함경(增一阿含經)』 - 51권 471경.

　4제(諦)·6도(度)·8정도(正道) 등과 같이 법수(法數)를

　순서대로 분류하여 엮은 것.

이에 해당하는 니카야는 다음과 같다.

① 『디가 니카야(dīgha-nikāya)』 - 장부(長部). 내용이 긴 34경을 모은 것으로 세 편으로 분류되어 있다. 한역 『장아함경』에 해당한다.

② 『맛지마 니카야(majjhima-nikāya)』 - 중부(中部). 중간 정도 길이의 152경을 모은 것으로 약 50경씩 세 편으로 분류되어 있고, 다시 각 편은 5품으로, 각 품은 대개 10경 단위로 구성되어 있다. 한역 『중아함경』에 해당한다.

③ 『상윳타 니카야(saṃyutta-nikāya)』 - 상응부(相應部). 짧은 경전 2,875경을 주제에 따라 분류하여 배열한 것으로 전체가 5품으로 되어 있다. 한역 『잡아함경』에 해당한다.

④ 『앙굿타라 니카야(aṅguttara-nikāya)』 - 증지부(增支部). 2,198경이 법수에 따라 1법에서 11법까지 순서대로 배열되어 있다. 한역 『증일아함경』에 해당한다.

⑤ 『쿳다카 니카야(khuddaka-nikāya)』 - 소부(小部). 『법구경(法句經)』·『경집(經集)』·『본생담(本生譚)』 등 15경으로 구성되어 있다.

아함부와 니카야에 있는 싯다르타의 수행과 초기불교의 가르침을 간략히 정리하면 다음과 같다.

출가

싯다르타(ⓢ siddhārtha)는 기원전 7세기에 히말라야의 남쪽 기슭에 있던 카필라 성의 정반왕(淨飯王)과 마야(摩耶) 왕비의 아들로 태어났다. 그러나 마야는 태자를 낳은 지 7일 만에 세상을 떠났고, 싯다르타는 이모의 품에서 자랐다. 싯다르타는 궁중의 호화와 사치 속에서 성장하여 17세에 야쇼다라와 결혼했고, 아들 라훌라를 낳았다. 훗날 붓다는 그때의 일을 다음과 같이 회상했다.

"부왕은 나를 위해 여러 채의 궁전, 그러니까 봄 궁전과 여름 궁전과 겨울 궁전을 지었으니, 나를 즐겁게 잘 놀도록 하기 위해서였다. (…) 네 사람이 나를 목욕시키고는 붉은 전단향(旃檀香)을 내 몸에 바르고 비단옷을 입혔는데, 위아래와 안팎이 다 새것이었다. 밤낮으로 일산을 내게 씌웠으니, 태자가 밤에는 이슬에 젖지 않고, 낮에는 햇볕에 그을리지 않게 하기 위해서였다. 다른 집에서는 겉보리나 보리밥, 콩국이나 생강을 최고의 음식으로 삼았으나 내 아버지의 집에서는 가장 낮은 하인도 쌀밥과 기름진 반찬을 최고의 음식으로 삼았다. (…)여름 4개월 동안은 정전(正殿)에 올라가 있었는데, 남자는 없고 기녀(妓女)만 있어 내 멋대로 즐기면서 아예 내려오지 않았다. 내가 동산이나 누각으로 갈 때는 선발된 30대의 훌륭한 기병들이 행렬을 이루어 앞뒤에서 호위하고 인도했으니, 다른 일이야 어떠했겠는가. (…)

나는 다시 이렇게 생각했다. '나도 병을 여의지 못하면서 병자를 꺼리고 천하게 여기며 사랑하지 않는 것은 옳지 못하다. 나도 병이 생길 수 있기 때문이다.' 이렇게 관찰하자 병들지 않았다고 해서 일어나는 교만이 산산이 부서졌다. (…) 나는 다시 이렇게 생각했다. '나도 늙음을 여의지 못하면서 노인을 싫어하고 천하게 여기며 사랑하지 않는 것은 옳지 못하다. 나도 늙기 때문이다.' 이렇게 관찰하자 늙지 않았다고 해서 일어나는 교만이 산산이 부서졌다."

– 『중아함경』 제29권, 「유연경(柔軟經)」

호화로운 궁중 생활 속에서 싯다르타에게 태어나서 병들고 늙고 죽는 괴로움이 밀려오기 시작했다. 인간들이 태어나서 죽고 태어나서 죽기를 반복하는 모습을 떠올리니, 인간의 삶이 괴로움의 무자비한 순환으로 보였다. 끝없이 밀려오는 괴로움에 답답했고, 궁중이 감옥처럼 느껴졌다. 어느 날, 그는 떠나기로 결심했다. 깊은 밤중에 말을 타고 몰래 성을 빠져 나갔다. 그때 그의 나이 29세였다.

고행과 깨달음

싯다르타는 동남쪽으로 걸어가 마가다국의 왕사성(王舍城)에 이르렀다. 그는 그 부근에서 수행자들의 가르침을 받았으나 그들의 가

르침으로는 안온한 열반에 이를 수 없다고 생각했다. 싯다르타는
서남쪽으로 떠나 네란자라 강이 흐르는 우루벨라 마을에 이르렀
다. 그곳에도 많은 수행자들이 있었다. 싯다르타는 그 마을의 조용
한 숲 속으로 들어가 먹고 자는 것도 잊은 채 혹독한 고행만 했다.

"나는 무덤가에 가서 죽은 사람의 옷을 벗겨 내 몸을 가렸다.
그때 안타촌(案吒村) 사람들이 와서 나뭇가지로 내 귓구멍을
찌르기도 하고 콧구멍을 찌르기도 했다. 또 침을 뱉기도 하고
오줌을 누기도 하고 흙을 내 몸에 끼얹기도 했다. 그러나 나
는 끝내 그들에게 화를 내지 않고 마음을 지켰다. 또 외양간
에 가서 송아지 똥이 있으면 그것을 집어 먹었고, 송아지 똥
이 없으면 큰 소의 똥을 집어 먹었다. (…)
그러자 몸은 나날이 쇠약해져 뼈만 앙상하게 남았고 정수리
에는 부스럼이 생기고 피부와 살이 저절로 떨어졌다. 내 머리
는 깨진 조롱박 같았다. 그것은 다 내가 먹지 않았기 때문이
었다. 깊은 물속에 별이 나타나듯 내 눈도 그러했다. 낡은 수
레가 허물어지듯 내 몸도 그렇게 허물어져 뜻대로 되지 않았
다. 내 엉덩이는 낙타 다리 같았고, 손으로 배를 누르면 등뼈
가 닿았다. 몸이 이처럼 쇠약해진 것은 다 내가 먹지 않았기
때문이었다. (…)
나는 이렇게 6년 동안 애써 부지런히 도를 구했으나 얻지 못
했다. 가시 위에 눕기도 했고, 못이 박힌 판자 위에 눕기도 했

고, 새처럼 공중에 매달려 몸을 거꾸로 하기도 했고, 뜨거운
태양에 몸을 태우기도 했고, 몹시 추운 날에 얼음에 앉거나
물속에 들어가기도 했다. (…) 알몸으로 지내기도 했고, 다 해
진 옷이나 풀로 만든 옷을 입기도 했고, 남의 머리카락으로
몸을 가리기도 했고, 머리카락을 길러 몸을 가리기도 했고,
남의 머리카락을 머리에 얹기도 했다. (…)

그때 나는 다시 생각했다. '이렇게 쇠약한 몸으로는 최상의
도를 얻을 수 없다. 약간의 음식을 먹어 기력을 회복한 후에
도를 닦아야겠다.' 그러고는 음식을 먹자 다섯 수행자는 나를
버리고 가면서 말했다. '이 사문(沙門) 구담(瞿曇, 고타마)은 정신
착란을 일으켜 진실한 법을 버리고 그릇된 행으로 나아가는
구나.'"

– 『증일아함경』 제23권, 「증상품(增上品)」 제8경

싯다르타는 자리에서 일어나 네란자라 강에 가서 몸을 씻었다.
그러고는 음식을 먹기 시작했다. 어느 정도 원기를 회복한 그는
보리수(菩提樹) 아래에 가서 풀을 깔고 편안히 앉아 깊은 명상에
잠겼다. 명상을 시작한 지 7일째 되는 날이었다. 적막한 새벽녘에
별이 반짝였다. 명상에 잠긴 싯다르타에게 가슴 깊이 잔잔하게
사무치는 기쁨이 일었다. 모든 이치가 환하게 드러났다. 깨달음
을 얻은 것이었다.

그때 세존께서 우루벨라 마을 네란자라 강변의 보리수 아래서 비로소 깨달음을 얻으시고, 한번 가부좌하신 채 7일 동안 삼매에 잠겨 해탈의 즐거움을 누리고 계셨다.

－『율장』, 「대품(大品)」 1, 보리수 이야기

이제 싯다르타는 깨달음을 이룬 자, 즉 붓다(buddha)가 되었다. 35세 되던 해였다.

가르침

열반으로 가는 네 가지 진리 — 4제(諦)

세존께서 말씀하셨다.

"너희들은 4제(諦)가 있다는 것을 알아야 한다. 어떤 것이 넷인가?

괴로움이라는 진리[苦諦], 괴로움의 발생이라는 진리[集諦], 괴로움의 소멸이라는 진리[滅諦], 괴로움의 소멸에 이르는 길이라는 진리[道諦]이다.

어떤 것이 괴로움이라는 진리인가?

태어나는 괴로움, 늙는 괴로움, 병드는 괴로움, 죽는 괴로움, 근심하고 슬퍼하고 걱정하는 괴로움 등 헤아릴 수 없이 많고, 미워하는 사람과 만나야 하는 괴로움, 사랑하는 이와 헤어져

야 하는 괴로움, 구해도 얻지 못하는 괴로움이다. 간단히 말해, 5음(陰)에 집착이 번성하므로 괴로움[五盛陰苦]이다. 이것이 괴로움이라는 진리이다.

어떤 것이 괴로움의 발생이라는 진리인가?

느낌과 애욕을 끊임없이 일으켜 항상 탐내어 집착하는 것이다. 이것이 괴로움의 발생이라는 진리이다.

어떤 것이 괴로움의 소멸이라는 진리인가?

저 애욕을 남김없이 멸하여 다시 일어나지 않게 하는 것이다. 이것이 괴로움의 소멸이라는 진리이다.

어떤 것이 괴로움의 소멸에 이르는 길이라는 진리인가?

현성(賢聖)의 8정도(正道)이니, 바르게 알기[正見]·바르게 사유하기[正思惟]·바르게 말하기[正語]·바르게 행하기[正業]·바르게 생활하기[正命]·바르게 노력하기[正精進]·바르게 알아차리기[正念]·바르게 집중하기[正定]이다.

이것을 4제라고 한다."

– 『증일아함경』 제14권, 「고당품(高幢品)」 제5경

4제(諦)를 4성제(聖諦)라고도 한다. 제는 Ⓢ satya Ⓟ sacca의 번역으로 '진리'라는 뜻이고, 성제는 '성스러운 진리', '성자의 진리'라는 뜻이다. 4제는 괴로움을 소멸시켜 열반에 이르게 하는 네 가지 진리로, 고제(苦諦)·집제(集諦)·멸제(滅諦)·도제(道諦)이다.

붓다가 "비구들아, 예나 지금이나 내가 가르치는 것은 단지

고(苦)와 그 고의 소멸일 뿐이다(『맛지마 니카야』 22, 「뱀의 비유경」).”라고 했듯이, 불교는 고에서 시작해서 열반으로 마친다. 고에서 열반으로 나아가는 길이 바로 4제이다. 그래서 “모든 동물의 발자국이 다 코끼리 발자국 안에 들어오듯이, 모든 가르침은 다 4제에 포함된다.”고 했다.

… 아함부와 니카야

> 그때 사리자(舍梨子)가 여러 비구들에게 말했다.
> “여러분, 한량없는 선법(善法)이 있더라도 그 모든 법은 다 4성제(聖諦)에 포함되어 4성제 안에 들어옵니다. 그래서 4성제가 모든 법에서 제일이라 합니다. 왜냐하면 모든 선법을 다 포함하기 때문입니다. 여러분, 그것은 모든 짐승의 발자국 가운데 코끼리의 발자국을 제일로 삼는 것과 같습니다. 왜냐하면 코끼리의 발자국이 가장 넓고 크기 때문입니다.”
>
> – 『중아함경』 제7권, 「상적유경(象跡喻經)」

> “현자들아, 이 고성제(苦聖諦)는 과거에도 고성제였고, 현재와 미래에도 고성제이니, 진리여서 헛되지 않고, 있는 그대로를 떠나지 않고, 뒤바뀌지 않고, 참되고 분명한 사실이어서 있는 그대로의 진리와 일치한다. 이는 성자가 지니고, 성자가 알고, 성자가 보고, 성자가 이해하고, 성자가 식별하고, 성자가 바르게 깨달은 것이다. 그래서 고성제라고 한다. (… 집성제 … 멸성제 … 도성제도 그러하다.)”
>
> – 『중아함경』 제7권, 「분별성제경(分別聖諦經)」

싯다르타는 보리수 아래서 4제를 깨달아 붓다가 되었고, 4제를 깨달았기 때문에 여래(如來)·응공(應供)이라 하고, 4제를 깨달아 등정각(等正覺)을 이루었고, 4제를 깨달아 아뇩다라삼먁삼보리(阿耨多羅三藐三菩提)를 얻었다. 따라서 이 4제야말로 고에서 열반으로 나아가는 유일한 길이고, 초기불교의 처음이자 끝이다.

어느 때 붓다께서 바라내국의 선인(仙人)이 살던 녹야원에서 여러 비구들에게 말씀하셨다.
"4성제를 평등하고 바르게 깨달은 분을 여래(如來)·응공(應供)·등정각(等正覺)이라 한다. 어떤 것이 넷인가? 괴로움이라는 성스러운 진리, 괴로움의 발생이라는 성스러운 진리, 괴로움의 소멸이라는 성스러운 진리, 괴로움의 소멸에 이르는 길이라는 성스러운 진리이니, 이 4성제를 평등하고 바르게 깨달은 분을 여래·응공·등정각이라 한다."
- 『잡아함경』 제15권 제402경

어느 때 붓다께서 바라내국의 선인(仙人)이 살던 녹야원에서 다섯 비구에게 말씀하셨다.
"고성제(苦聖諦)는 일찍이 들어보지 못한 것이니 바르게 사유하라. 그러면 눈[眼]과 지혜[智]와 명료함[明]과 깨달음[覺]이 생길 것이다. 고집성제(苦集聖諦)와 고멸성제(苦滅聖諦)와 고멸도성제(苦滅道聖諦)도 일찍이 들어보지 못한 것이니 바르게 사유하라. 그러면 눈과 지혜와 명료함과 깨달음이 생길 것이다. 고성제를 반드시 알아야 한다. 이것도 일찍이 들어보지 못한 것이니 바르게 사유하라. 그러면 눈과 지혜와 명료함과 깨달음이 생길 것이다.

고집성제를 이미 알았으면 반드시 끊어야 한다. 이것도 일찍이 들어보지 못한 것이니 바르게 사유하라. 그러면 눈과 지혜와 명료함과 깨달음이 생길 것이다.

고멸성제를 이미 알았으면 반드시 증득해야 한다. 이것도 일찍이 들어보지 못한 것이니 바르게 사유하라. 그러면 눈과 지혜와 명료함과 깨달음이 생길 것이다.

고멸도성제를 이미 알았으면 반드시 닦아야 한다. 이것도 일찍이 들어보지 못한 것이니 바르게 사유하라. 그러면 눈과 지혜와 명료함과 깨달음이 생길 것이다.

비구들아, 고성제를 이미 알아버렸다는 것도 들어보지 못한 것이니 바르게 사유하라. 그러면 눈과 지혜와 명료함과 깨달음이 생길 것이다.

고집성제를 이미 알고 끊어버렸다는 것도 들어보지 못한 것이니 바르게 사유하라. 그러면 눈과 지혜와 명료함과 깨달음이 생길 것이다.

고멸성제를 이미 알고 증득해버렸다는 것도 들어보지 못한 것이니 바르게 사유하라. 그러면 눈과 지혜와 명료함과 깨달음이 생길 것이다.

고멸도성제를 이미 알고 닦아버렸다는 것도 들어보지 못한 것이니 바르게 사유하라. 그러면 눈과 지혜와 명료함과 깨달음이 생길 것이다.

비구들아, 내가 4성제의 3전12행(三轉十二行)으로 눈과 지혜와 명료함과 깨달음이 생기지 않았다면, 나는 여러 신·악마·범천·사문·바라문 가운데서 끝내 해탈하지 못했을 것이고, 또 스스로 아뇩다라삼먁삼보리(阿耨多羅三藐三菩提)도 증득하지 못했을 것이다. 나는 이미 4성제의 3전12행으로 눈과 지혜와 명료함과 깨달음이 생겼기 때문에 여러 신·악마·범천·사문·바라문 가운데서 해탈했고, 스스로 아뇩다라삼먁삼보리를 증득했다."

- 『잡아함경』 제15권 제379경

3전12행(三轉十二行)은 4성제를 세 방면으로 통찰한 것으로, ① '이것은 고(苦)이다. 이것은 고의 발생이다. 이것은 고의 소멸이다. 이것은 고의 소멸에 이르는 길이다.' ② '고를 알아야 한다. 집(集)을 끊어야 한다. 멸(滅)을 증득해야 한다. 도(道)를 닦아야 한다.' ③ '나는 이미 고를 알았다. 나는 이미 집을 끊었다. 나는 이미 멸을 증득했다. 나는 이미 도를 닦았다.'이다. 따라서 모두 열두 가지가 된다.

4제는 붓다가 보리수 아래서 깨달은 내용이기 때문에 불교의 핵심이고 바탕이다. 따라서 초기불교는 이 4제를 중심축으로 해서 전개된다. 아래의 인용문에서 보는 바와 같이 5온(蘊) 각각에 4제를 적용시켜 색·수·상·행·식의 발생과 소멸과 소멸에 이르는 길을 통찰했고, 12연기(緣起)의 각 지분(支分)에 4제를 적용시켜 각 지분의 발생과 소멸과 소멸에 이르는 길을 통찰했다.

어느 때 붓다께서 사위국 기수급고독원에서 여러 비구들에게 말씀하셨다.
"여래는 10력(力)을 성취하고 집착이 없음을 스스로 알아 대중에게 사자후(師子吼)하고 최상의 법을 설하여 중생을 제도한다. 이것은 '색(色)'이고, 이것은 '색의 발생'이며, 이것은 '색의 소멸'이고, 이것은 '색에서 벗어남'이다. 수(受)·상(想)·행(行)도 이렇게 통찰한다. 이것은 '식(識)'이고, 이것은 '식의 발생'이며, 이것은 '식의 소멸'이고, 이것은 '식에서 벗어남'이라 통찰한다."

– 『증일아함경』 제42권 제3경

그때 세존께서 여러 비구들에게 말씀하셨다.
"(…) 이제 나도 그와 같이 옛 선인(仙人)의 길, 옛 선인의 지름길, 옛 선인의 자취, 옛 선인이 갔던 곳을 알아 나도 그 길을 따라 가게 되었으니, 그것은 8성도(聖道)이다. 즉 정견(正見)·정지(正志)·정어(正語)·정업(正業)·정명(正命)·정방편(正方便)·정념(正念)·정정(正定)이다. 나는 그 길을 따라 '노병사(老病死)'

와 ‘노병사의 발생’과 ‘노병사의 소멸’과 ‘노병사의 소멸에 이르는 길’을 보았다. 또 생(生)·유(有)·취(取)·애(愛)·수(受)·촉(觸)·6입처(入處)·명색(名色)·식(識)·‘행(行)’과 ‘행의 발생’과 ‘행의 소멸’과 ‘행의 소멸에 이르는 길’을 보았다.

나는 이 법을 스스로 알고 깨달아 등정각(等正覺)을 이루었다.”

- 『잡아함경』 제12권 제287경

그때 세존께서 여러 비구들에게 말씀하셨다.

“선남자가 바른 믿음으로 출가하여 도를 배우려면 반드시 4성제를 알아야 한다. (…) 3결(結)이 끊어져 수다원(須陀洹)의 경지에 이르렀다면, 그들은 다 4성제를 알았기 때문이다. (…) 3결이 끊어지고, 탐욕과 분노와 어리석음이 엷어져 사다함(斯陀含)의 경지에 이르렀다면, 그들은 다 4성제를 사실 그대로 알았기 때문이다. (…) 5하분결(下分結)이 소멸되어 다시 이 세간에 돌아오지 않는 아나함(阿那含)의 경지에 이르렀다면, 그들은 다 4성제를 알았기 때문이다. (…) 모든 번뇌가 다 소멸되어 심해탈(心解脫)과 혜해탈(慧解脫)을 이루어 ‘나는 이미 생이 다했고, 청정한 수행이 확립되었고, 해야 할 일을 이미 다 해서, 다시는 미혹한 생존을 되풀이하지 않는다.’는 것을 스스로 아는 아라한(阿羅漢)의 경지에 이르렀다면, 그들은 다 4성제를 알았기 때문이다. (…) 만약 벽지불(辟支佛)의 도를 증득했다면, 그들은 다 4성제를 알았기 때문이다. (…) 만약 최상의 등정각(等正覺)을 이루었다면, 그들은 다 4성제를 알았기 때문이다.

- 『잡아함경』 제15권 제393경

수다원·사다함·아나함·아라한은 성자들의 네 경지이다. 수다원은 ⓟ sota-āpanna의 음사로 처음으로 성자의 계열에 들었으므로 입류(入流)·예류(預流)라고 번역한다. 사다함은 ⓟ sakad-āgāmin의 음사로 일왕래(一往來)라고 번역하고, 아나함은 ⓟ anāgāmin의 음사로 불래(不來)·불환(不還)이라 번역하고, 아라한은 ⓟ arahant의 음사로 응공(應供)·무학(無學)이라 번역한다.

3결(結)에서 결은 번뇌를 뜻한다. 신체에 불변하는 자아가 있다는 유신견(有身見), 계율이나 금기를 지키는 것만으로 해탈할 수 있다고 집착하는 계금취견(戒禁取見), 바른 이치를 의심하는 의(疑)이다.

5하분결(下分結)에서 하분(下分)은 욕계를 뜻한다. 중생을 욕계에 결박시켜 해탈하지 못하게 하는 다섯 가지 족쇄로, 3결에 욕계의 탐욕과 성냄이 추가된 것이다. 반면 5상분결(上分結)은 중생을 색계·무색계에 결박하여 해탈하지 못하게 하는 다섯 가지 족쇄로, 색탐(色貪, 색계의 탐욕)·무색탐(無色貪, 무색계의 탐욕)·도거(掉擧, 들뜨고 혼란스러운 마음 상태)·만(慢)·무명(無明)이다.

벽지불(辟支佛)은 ⓟ pacceka-buddha의 음사로, '홀로 깨달은 자'라는 뜻이다. 스승 없이 홀로 12연기(緣起)를 관조하여 깨달은 성자를 말한다.

그때 어떤 비구가 붓다에게 나아가 그의 발에 머리를 대는 예를 표한 뒤 한쪽에 앉아 여쭈었다.

"세존이시여, 이 4성제를 점차로 통달하게 됩니까, 아니면 한꺼번에 통달하게 됩니까?"

"이 4성제는 점차로 통달하는 것이지 한꺼번에 통달하는 것이 아니다. 예를 들면, 그것은 마치 네 계단을 거쳐 전당(殿堂)에 오르는 것과 같다. 만약 어떤 사람이 '첫 계단에 오르지 않고 둘째·셋째·넷째 계단을 거쳐 전당에 올랐다.'고 한다면 그것은 있을 수 없는 일이다. 왜냐하면 첫 계단에 오른 뒤에 둘째·셋째·넷째 계단을 차례로 거쳐야 전당에 오를 수 있기 때문이다.

이와 같이 비구야, 괴로움이라는 성스러운 진리를 통달하지 못한 상태에서 괴로움의 발생이라는 성스러운 진리, 괴로움의 소멸이라는 성스러운 진리, 괴로움의 소멸에 이르는 길이라는 성스러운 진리를 통달하려고 한다면 그것은 있을 수 없는 일이다."

- 『잡아함경』 제16권 제436경

고제(苦諦) — 괴로움이라는 진리

"비구들아, 괴로움이라는 진리가 있다. 태어남은 괴로움이고, 늙음은 괴로움이고, 병듦은 괴로움이고, 죽음은 괴로움이다. 근심·슬픔·불행은 괴로움이고, 미워하는 사람과 만나는 것은 괴로움이고, 사랑하는 사람과 헤어지는 것은 괴로움이고, 구해도 얻지 못하는 것은 괴로움이다. 간단히 말하면, 5온(蘊)에 집착하므로 괴로움이다."

− 『율장』, 「대품(大品)」 6, 전법륜(轉法輪)

늙지 않고 병들지 않고 죽지 않으려 하나 늙고 병들고 죽으니 괴로움이고, 늙고 병들고 죽는 원인이 태어남이니, 생로병사(生老病死) 그 자체가 괴로움이다. 어떤 현상을 회피해도 찾아오고, 어떤 것을 추구해도 얻지 못하고, 어떤 현상이 닥치지 않기를 바라도 찾아오고, 어떻게 되기를 바라도 바라는 대로 되지 않으니 괴로움이다. 즉 원하는 대로 되지 않고, 원하지 않는 것이 찾아오니 괴로움이다.

인간을 구성하는 다섯 가지 요소의 무더기, 즉 몸[色]·느낌[受]·생각[想]·의지[行]·인식[識]을 5온(蘊) 또는 5음(陰)이라 하는데, 이 5온에 집착하므로 괴로움이고, 5온에 집착이 번성하므로 괴로움이고, 5온은 집착의 무더기이고 집착의 근원이므로 괴로움이다.

집제(集諦) ─ 괴로움의 발생이라는 진리

괴로움이 발생하는 원인을 밝혀준다. 집(集)은 Ⓢ Ⓟ samudaya의 번역으로 '발생'이라는 뜻이다.

"비구들아, 괴로움의 발생이라는 성스러운 진리가 있다. 재생(再生)을 초래하고, 희열과 탐욕을 동반하여 여기저기에 집착하는 갈애(渴愛)이다."

— 『율장』, 「대품(大品)」 6, 전법륜(轉法輪)

괴로움이 일어나는 원인은 갈애(渴愛), 즉 목이 말라 애타게 물을 찾듯이 몹시 탐내어 그칠 줄 모르는 애욕이다.

"비구들아, 무엇이 집제(集諦)인가?

무명(無明)으로 말미암아 행(行)이 있고, 행으로 말미암아 식(識)이 있고, 식으로 말미암아 명색(名色)이 있고, 명색으로 말미암아 6처(處)가 있고, 6처로 말미암아 촉(觸)이 있고, 촉으로 말미암아 수(受)가 있고, 수로 말미암아 애(愛)가 있고, 애로 말미암아 취(取)가 있고, 취로 말미암아 유(有)가 있고, 유로 말미암아 생(生)이 있고, 생으로 말미암아 노사(老死)·우(憂)·비(悲)·고뇌(苦惱)가 일어난다. 이리하여 온갖 괴로움의 무더기가 일어난다. 비구들아, 이것을 집제라고 한다."

— 『앙굿타라 니카야』 3, 「대품(大品)」 61, 외도(外道)

멸제(滅諦) — 괴로움의 소멸이라는 진리

5온에 집착하지 않아 갈애가 소멸되고, '자아'라는 생각이 소멸된 상태이다. 탐욕과 분노와 어리석음 등의 번뇌가 소멸된 열반의 경지이다.

> "비구들아, 괴로움의 소멸이라는 진리가 있다. 갈애를 남김없
> 이 소멸하고 버리고 벗어나 어디에도 집착하지 않는 것이다."
>
> —『율장』,「대품(大品)」 6, 전법륜(轉法輪)

> "비구들아, 무엇이 멸제(滅諦)인가?
> 무명(無明)이 멸하므로 행(行)이 멸하고, 행이 멸하므로 식(識)
> 이 멸하고, 식이 멸하므로 명색(名色)이 멸하고, 명색이 멸하
> 므로 6처(處)가 멸하고, 6처가 멸하므로 촉(觸)이 멸하고, 촉이
> 멸하므로 수(受)가 멸하고, 수가 멸하므로 애(愛)가 멸하고, 애
> 가 멸하므로 취(取)가 멸하고, 취가 멸하므로 유(有)가 멸하고,
> 유가 멸하므로 생(生)이 멸하고, 생이 멸하므로 노사(老死)·우
> (憂)·비(悲)·고뇌(苦惱)가 멸한다. 이리하여 온갖 괴로움의 무
> 더기가 멸한다. 비구들아, 이것을 멸제라고 한다."
>
> —『앙굿타라 니카야』 3,「대품(大品)」 61, 외도(外道)

도제(道諦) ― 괴로움의 소멸에 이르는 길이라는 진리
괴로움을 소멸시키는 여덟 가지 바른 길, 즉 8정도(正道)이다.

> "비구들아, 그러면 무엇이 괴로움의 소멸에 이르는 길이라는
> 진리인가?

그것은 바로 8정도(正道)이니, 즉 바르게 알기[正見]·바르게 사유하기[正思惟]·바르게 말하기[正語]·바르게 행하기[正業]·바르게 생활하기[正命]·바르게 노력하기[正精進]·바르게 알아차리기[正念]·바르게 집중하기[正定]이다."

- 『디가 니카야』 22, 「대염처경(大念處經)」

① 바르게 알기[正見]

"비구들아, 그러면 무엇이 바르게 알기인가?
괴로움[苦]에 대해 아는 것, 괴로움의 발생[集]에 대해 아는 것, 괴로움의 소멸[滅]에 대해 아는 것, 괴로움의 소멸에 이르는 길[道]에 대해 아는 것, 이것이 바르게 알기이다."

- 『디가 니카야』 22, 「대염처경(大念處經)」

"비구들아, 4성제(聖諦)를 꿰뚫어 통달하지 못했기 때문에 나와 너희들은 오랫동안 괴로움에서 벗어나지 못했다."

- 『맛지마 니카야』 141, 「진리의 분석경」

② 바르게 사유하기[正思惟]

"비구들아, 그러면 무엇이 바르게 사유하기인가? 번뇌의 속박에서 벗어난 사유, 악의가 없는 사유, 남을 해치지 않는 사유, 이것이 바르게 사유하기이다."

- 『디가 니카야』 22, 「대염처경(大念處經)」

"그러면 비구들아, 무엇이 바르게 사유하기인가? 그것은 번뇌에서 벗어난 사유, 분노가 없는 사유, 남에게 해를 끼치지 않는 사유이다."

- 『맛지마 니카야』 141, 「진리의 분석경」

③ 바르게 말하기[正語]

"비구들아, 그러면 무엇이 바르게 말하기인가?
거짓말하지 않고, 이간질하지 않고, 거친 말을 하지 않고, 쓸데없는 말을 하지 않는 것, 이것이 바르게 말하기이다."

- 『디가 니카야』 22, 「대염처경(大念處經)」

사람이 태어날 때 입에 도끼가 생겨나
어리석은 이는
나쁜 말을 내뱉어
그것으로 자신을 찍는다.

- 『상윳타 니카야』 6 : 9, 투두 범천

④ 바르게 행하기[正業]

"비구들아, 그러면 무엇이 바르게 행하기인가? 살생하지 않고, 도둑질하지 않고, 음란한 짓을 하지 않는 것, 이것이 바르게 행하기이다."

- 『디가 니카야』 22, 「대염처경(大念處經)」

"라홀라야, 거울은 무엇을 위해 있느냐?"

"세존이시여, 비추어 보기 위해 있습니다."

"라홀라야, 거듭 비추어 본 뒤에 행동하고, 거듭 비추어 본 뒤에 말하고, 거듭 비추어 본 뒤에 생각하라."

- 『맛지마 니카야』 61, 「암발랏티카에서 라홀라를 가르친 경」

⑤ 바르게 생활하기[正命]

"비구들아, 그러면 무엇이 바르게 생활하기인가? 성자의 제자는 그릇된 생계를 버리고 바른 생계로 생활한다. 이것이 바르게 생활하기이다."

- 『디가 니카야』 22, 「대염처경(大念處經)」

⑥ 바르게 노력하기[正精進]

"비구들아, 그러면 무엇이 바르게 노력하기인가?

비구가 아직 생기지 않은 악하고 불건전한 것들이 생기지 않도록 의욕을 가지고 부지런히 노력하는 데 마음을 쏟고, 이미 생긴 악하고 불건전한 것들을 끊으려는 의욕을 가지고 부지런히 노력하는 데 마음을 쏟고, 아직 생기지 않은 건전한 것들이 생기도록 의욕을 가지고 부지런히 노력하는 데 마음을 쏟고, 이미 생긴 건전한 것들을 유지하고 늘리고 계발하려는 의욕을 가지고 부지런히 노력하는 데 마음을 쏟는 것, 이것이 바르게 노력하기이다."

- 『디가 니카야』 22, 「대염처경(大念處經)」

악을 막고 없애고, 선을 증가시키고 유지하는 것.

이것이 붓다가 가르친 4정근(正勤)이다.

이를 닦는 비구는

괴로움의 소멸에 이른다.

- 『앙굿타라 니카야』 4, 「행품(行品)」 11, 행(行)

여기서 불건전한 것[不善法]은 열반에 이르는 데 장애가 되는 탐(貪)·진(瞋)·치(癡) 3독(毒)을 말하고, 건전한 것[善法]은 3독이 감소된 상태를 말한다. 4정근을 4정단(正斷)이라고도 하는데, 이 네 가지 노력으로 나태함과 나쁜 행위를 끊을 수 있기 때문에 단(斷)이라 한다.

⑦ 바르게 알아차리기[正念]

4염처를 닦는 것으로, 몸[身]·느낌[受]·마음[心]·현상[法]에서 매 순간 일어나고 사라지는 생멸을 끊임없이 알아차리는 수행이다.

"비구들아, 그러면 무엇이 바르게 알아차리기인가?

비구가 몸[身]에서 몸을 관찰하면서 머문다. 세간에 대한 탐욕과 싫어하는 마음을 버리고, 근면하게 분명한 앎과 알아차리기를 지니고 머문다.

느낌[受]에서 느낌을 관찰하면서 머문다. 세간에 대한 탐욕과 싫어하는 마음을 버리고, 근면하게 분명한 앎과 알아차리기를 지니고 머문다.

마음[心]에서 마음을 관찰하면서 머문다. 세간에 대한 탐욕과 싫어하는 마음을 버리고, 근면하게 분명한 앎과 알아차리기를 지니고 머문다.

현상[法]에서 현상을 관찰하면서 머문다. 세간에 대한 탐욕과 싫어하는 마음을 버리고, 근면하게 분명한 앎과 알아차리기를 지니고 머문다. 이것이 바르게 알아차리기이다."

– 『디가 니카야』 22, 「대염처경(大念處經)」

'몸[身]에서 몸을 관찰하면서'는 매 순간 몸에서 일어나고 사라지는 변화를 놓치지 않고 지속적으로 관찰한다는 뜻이고, '탐욕과 싫어하는 마음을 버리고'는 2분법의 분별을 버린다는 뜻이고, '현상[法]에서 현상을 관찰하면서'는 매 순간 생멸을 거듭하는 5온(蘊)과 12처(處)를 지속적으로 관찰한다는 뜻이다.

⑧ 바르게 집중하기[正定]

4선(禪)을 닦는 것으로, 수행자가 이르게 되는 네 단계의 선정이다. 초선은 애욕을 떠남으로써 기쁨과 안락이 있는 상태이고, 제2선은 마음이 고요하고 한곳에 집중됨으로써 기쁨과 안락이 있는 상태이다. 제3선은 평온과 알아차리기와 분명한 앎을 지니고 안락에 머무는 상태이고, 제4선은 평온과 알아차리기로 청정해진 상태이다.

"비구들아, 그러면 무엇이 바르게 집중하기인가?

비구가 애욕과 불건전한 것들을 떠나고, 일으킨 생각과 지속적인 고찰이 있고, (애욕 등을) 떠남으로써 기쁨과 안락이 있는 초선(初禪)에 들어 머문다. 일으킨 생각과 지속적인 고찰이 가라앉고, 마음이 고요하고 한곳에 집중됨으로써 기쁨과 안락이 있는 제2선(禪)에 들어 머문다. 기쁨을 버리고 평온에 머물며, 알아차리기와 분명한 앎을 지녀 몸으로 안락을 느낀다. 성자들이 '평온과 알아차리기를 지니고 안락에 머문다.'고 한 제3선(禪)에 들어 머문다. 안락도 버리고 괴로움도 버리며, 이전에 기쁨과 슬픔을 없애버렸으므로 괴롭지도 즐겁지도 않고, 평온과 알아차리기로 청정해진 제4선(禪)에 들어 머문다. 비구들아, 이것이 바르게 집중하기이다."

－『디가 니카야』 22, 「대염처경(大念處經)」

일으킨 생각[尋, ⓟ vitakka]은 대상에 대해 일으킨 생각이고, 지속적인 고찰[伺, ⓟ vicāra]은 그 대상에 대한 지속적인 고찰이다.

『잡아함경』 제18권 제1경에 염부차(閻浮車)가 사리불에게 여러 가지 질문을 한다. '어떻게 하면 선법(善法)이 자라고, 3독(毒)이 소멸되고, 열반에 이르고, 번뇌가 소멸되고, 아라한에 이르고, 무명(無明)이 소멸되고, 괴로운 생존이 끝나고, 5온에 집착하지 않게 되고, 결박에서 벗어나고, 애욕이 소멸되고, 어떻게 하면 평온에 이르게 되는가?' 등이다. 각각의 질문에 사리불은 모두 8정도를 닦으라고 대답한다. 이 8정도가 곧 중도(中道)이다.

"비구들아, 그러면 무엇이 중도인가?
바로 8정도이니, 바르게 알기·바르게 사유하기·바르게 말하기·바르게 행하기·바르게 생활하기·바르게 노력하기·바르게 알아차리기·바르게 집중하기이다."

– 『상윳타 니카야』 56 : 11, 전법륜(轉法輪)

그때 세존께서 여러 비구들에게 말씀하셨다.
"사문의 수행과 사문의 경지가 있다. 너희들에게 설하니, 자세히 듣고 잘 생각하여라.
무엇이 사문의 수행인가? 그것은 8성도(聖道)이니, 정견(正見)·정사유(正思惟)·정어(正語)·정업(正業)·정명(正命)·정정진(正精進)·정념(正念)·정정(正定)이다.
무엇이 사문의 경지인가? 수다원과(須陀洹果)·사다함과(斯陀含果)·아나함과(阿那含果)·아라한과(阿羅漢果)이다.
무엇이 수다원과인가? 3결(結)이 끊어진 경지이다.
무엇이 사다함과인가? 3결이 끊어지고, 탐욕과 성냄과 어리석음이 엷어진 경지이다.
무엇이 아나함과인가? 5하분결(下分結)이 소멸된 경지이다.
무엇이 아라한과인가? 탐욕과 성냄과 어리석음이 완전히 소멸되어 모든 번뇌가 다 없어진 경지이다."

– 『잡아함경』 제29권 제797경

괴로움이 생기고 소멸하는 과정 — 12연기(緣起)

이것이 있으므로 저것이 있고, 이것이 생기므로 저것이 생긴다. 즉 무명(無明)으로 말미암아 행(行)이 생기고, 행으로 말미암아 식(識)이 생기고, 식으로 말미암아 명색(名色)이 생기고, 명색으로 말미암아 6처(處)가 생기고, 6처로 말미암아 촉(觸)이 생기고, 촉으로 말미암아 수(受)가 생기고, 수로 말미암아 애(愛)가 생기고, 애로 말미암아 취(取)가 생기고, 취로 말미암아 유(有)가 생기고, 유로 말미암아 생(生)이 생기고, 생으로 말미암아 늙음·죽음·근심·슬픔·고뇌·절망이 생긴다. 이리하여 온갖 괴로움의 무더기가 생긴다. (…)

이것이 없으므로 저것이 없고, 이것이 소멸하므로 저것이 소멸한다. 즉 무명(無明)이 소멸하므로 행(行)이 소멸하고, 행이 소멸하므로 식(識)이 소멸하고, 식이 소멸하므로 명색(名色)이 소멸하고, 명색이 소멸하므로 6처(處)가 소멸하고, 6처가 소멸하므로 촉(觸)이 소멸하고, 촉이 소멸하므로 수(受)가 소멸하고, 수가 소멸하므로 애(愛)가 소멸하고, 애가 소멸하므로 취(取)가 소멸하고, 취가 소멸하므로 유(有)가 소멸하고, 유가 소멸하므로 생(生)이 소멸하고, 생이 소멸하므로 늙음·죽음·근심·슬픔·고뇌·절망이 소멸한다. 이리하여 온갖 괴로움의 무더기가 소멸한다.

－『맛지마 니카야』 38, 「갈애의 소멸에 대한 큰 경」

연기(緣起)는 '…으로 말미암아 일어난다.', '…을 조건으로 하여 일어난다.'는 뜻이다. '이것이 있으므로 저것이 있고, 이것이 생기므로 저것이 생긴다.'에서 '이것'과 '저것'은 어떤 사물을 가리키는 게 아니라 12연기 가운데 하나의 지분(支分)을 가리킨다. 예를 들어, '이것'이 무명(無明)이면 '저것'은 행(行)이고, '이것'이 명색(名色)이면 '저것'은 6처(處)이고, '이것'이 애(愛)이면 '저것'은 취(取)이다.

12연기를 '무명으로 말미암아 행이 있고, 행으로 말미암아 식이 있고….'라고 통찰하는 것을 유전문(流轉門)이라 하고, '무명이 멸하므로 행이 멸하고, 행이 멸하므로 식이 멸하고….'라고 통찰하는 것을 환멸문(還滅門)이라 한다. 붓다는 깨달음을 성취한 직후 4제(諦)의 집제(集諦)를 유전문으로 통찰했고, 멸제(滅諦)를 환멸문으로 통찰했다.

세존께서 말씀하셨다.

"어떤 것이 인연법(因緣法)인가? 무명(無明)으로 말미암아 행(行)이 생기고, 행으로 말미암아 식(識)이 생기고, 식으로 말미암아 명색(名色)이 생기고, 명색으로 말미암아 6입(入)이 생기고, 6입으로 말미암아 촉(觸)이 생기고, 촉으로 말미암아 수(受)가 생기고, 수로 말미암아 애(愛)가 생기고, 애로 말미암아 취(取)가 생기고, 취로 말미암아 유(有)가 생기고, 유로 말미암아 생(生)이 생기고, 생으로 말미암아 사(死)가 생기고, 사로 말미암아 근심·슬픔·고뇌가 헤아릴 수 없다. 이리하여 5음(陰)이 이루어진다.

어떤 것이 무명(無明)인가? 괴로움을 알지 못하고, 괴로움의 발생을 알지 못하고, 괴로움의 소멸을 알지 못하고, 괴로움의 소멸에 이르는 길을 알지 못하는 것이다.

어떤 것이 행(行)인가? 행에 세 가지가 있으니, 신행(身行)·구행(口行)·의행(意行)이다.

어떤 것이 식(識)인가? 6식(識)이니, 안식(眼識)·이식(耳識)·비식(鼻識)·설식(舌識)·신식(身識)·의식(意識)이다.

어떤 것이 명(名)인가? 수(受)·상(想)·행(行)·식(識)이다.

어떤 것이 색(色)인가? 4대(大)와 그것에서 파생된 것이다. 명과 색이 다르므로 명색(名色)이라 한다.

어떤 것이 6입(入)인가? 안의 6입이니, 안입(眼入)·이입(耳入)·비입(鼻入)·설입(舌入)·신입(身入)·의입(意入)이다.

어떤 것이 촉(觸)인가? 여섯 가지 접촉이니, 안(眼)·이(耳)·비(鼻)·설(舌)·신(身)·의(意)의 접촉이다.

어떤 것이 수(受)인가? 여기에 세 가지가 있으니, 낙(樂)·고(苦)·불고불락(不苦不樂)의 느낌이다.

어떤 것이 애(愛)인가? 3애(愛)이니, 욕애(欲愛)·유애(有愛)·무유애(無有愛)이다.

어떤 것이 취(取)인가? 4취(取)이니, 욕취(欲取)·견취(見取)·계취(戒取)·아취(我取)이다.

어떤 것이 유(有)인가? 3유(有)이니, 욕유(欲有)·색유(色有)·무색유(無色有)이다.

어떤 것이 생(生)인가? 태어나 5음(陰)을 이루고 여러 감각기관을 받는 것이다.

어떤 것이 노(老)인가? 중생들의 몸에서 이가 빠지고 백발이 되며, 기력이 쇠하고 여러 기관이 문드러지며, 수명이 날로 줄고 본래의 정신이 없어지는 것이다.

어떤 것이 사(死)인가? 중생들의 몸이 바뀌는 것이니, 몸의 온기가 없어지고 덧없이 변하여 가까이했던 다섯 가지가 각각 흩어져 5음을 버리고 목숨이 끊어지는 것이다."

- 『증일아함경』 제46권 제5경

12연기는 괴로움이 어떻게 발생하고 소멸하는가를 밝힌 열두 과정이다.

① 무명(無明)은 4제(諦)를 알지 못하는 것이다.

② 행(行)은 무명으로 일으키는 의지·충동·의욕으로, 여기에 몸과 말과 뜻으로 짓는 신행(身行)·구행(口行)·의행(意行)이 있다.

③ 식(識)은 인식하는 마음 작용으로, 눈[眼]·귀[耳]·코[鼻]·혀[舌]·몸[身]·의식 기능[意]의 6근(根)으로 각각 형상[色]·소리[聲]·냄새[香]·맛[味]·감촉[觸]·의식 내용[法]의 6경(境)을

인식하는 안식(眼識)·이식(耳識)·비식(鼻識)·설식(舌識)·신식(身識)·의식(意識)의 6식(識)이다.

④ 명색(名色)에서 명(名)은 느낌[受]·생각[想]·의지[行]·인식[識]의 작용이고, 색(色)은 4대(大)와 그것에서 파생된 것이다. 4대는 몸의 접촉으로 느끼는 네 가지 특성, 즉 지(地, 견고함)·수(水, 축축함)·화(火, 뜨거움)·풍(風, 움직임)을 말한다. 명색은 곧 5온(蘊)의 작용이다.

⑤ 6입(入)은 6처(處)라고도 하는데, 대상을 감각하거나 의식하는 눈·귀·코·혀·몸·의식 기능의 6근, 또는 그 작용을 말한다.

⑥ 촉(觸)은 6근의 접촉이다.

⑦ 수(受)는 즐거운 느낌, 괴로운 느낌, 무덤덤한 느낌이다.

⑧ 애(愛)는 목이 말라 애타게 물을 찾듯이, 몹시 탐내어 그칠 줄 모르는 갈애(渴愛)이다. 여기에 감각적 쾌락을 탐하는 욕애(欲愛), 생존에 애착하는 유애(有愛), 생존하고 싶지 않은 무유애(無有愛)가 있다.

⑨ 취(取)는 번뇌를 뜻한다. 욕취(欲取)는 욕계(欲界)의 번뇌로, 탐(貪)·진(瞋)·만(慢)·무명(無明) 등을 말하고, 견취(見取)는 몸에 불변하는 자아가 있다는 그릇된 견해와 극단으로 치우친 견해 등을 말한다. 그리고 계취(戒取)는 계율이나 금기에 대한 집착, 아취(我取)는 자아에 집착하는 번뇌를 말한다.

⑩ 유(有)는 중생의 생존 상태로, 욕유(欲有)는 탐욕이 들끓는 생존, 색유(色有)는 탐욕에서는 벗어났으나 아직 형상에 얽매여 있는 생존, 무색유(無色有)는 형상의 속박에서 완전히 벗어난 생존이다.

⑪ 생(生)은 태어나는 괴로움이다.

⑫ 노사(老死)는 늙고 죽는 괴로움이다.

탐욕과 분노와 어리석음의 소멸 — 열반(涅槃)

열반은 ⑤ nirvāṇa ⑰ nibbāna의 음사이고, '불어서 끈 상태'라는 뜻이다. 불어서 불을 끄듯, 탐욕과 분노와 어리석음이 완전히 소멸된 마음 상태를 말한다.

붓다께서 말씀하셨다.

"비구들아, 모든 것이 타고 있다. 활활 타고 있다. 너희들은 먼저 이것을 알아야 한다.

그것은 무슨 뜻인가? 비구들아, 눈이 타고 있다. 그 대상을 향해 타고 있다. 귀도 타고 있다. 코도 타고 있다. 의식도 타고 있다. 모두 그 대상을 향해 활활 타고 있다.

비구들아, 그것들은 무엇으로 타고 있는가? 탐욕[貪]의 불꽃으로 타고, 분노[瞋]의 불꽃으로 타고, 어리석음[癡]의 불꽃으로 타고 있다."

ー『상윳타 니카야』 35 : 28, 불탐

염부차(閻浮車)가 사리불(舍利弗)에게 물었다.

"어떤 것을 열반이라 합니까?"

사리불이 말했다.

"열반이란 탐욕이 다 없어지고, 분노가 다 없어지고, 어리석음이 다 없어져, 모든 번뇌가 다 없어진 것을 말합니다."

또 물었다.

"사리불이여, 거듭거듭 수행하면 열반을 얻는 길이 있고 방법이 있습니까?"

"있습니다. 그것은 8정도(正道)이니, 즉 바르게 알기[正見] · 바르게 사유하기[正思惟] · 바르게 말하기[正語] · 바르게 행하기[正業] · 바르게 생활하기[正命] · 바르게 노력하기[正精進] · 바르게 알아차리기[正念] · 바르게 집중하기[正定]입니다."

－『잡아함경』 제18권 제490-③경

열반으로 가는 뗏목

5온(蘊)에 대한 바른 통찰

"비구들아, 무엇이 괴로움이라는 성스러운 진리인가? 태어남은 괴로움이고, 늙음은 괴로움이고, 병듦은 괴로움이고, 죽음은 괴로움이다. 근심·슬픔·통증·번민·절망은 괴로움이고, 원하는 것을 얻지 못하는 것은 괴로움이다. 간략히 말하면, 5온이 집착의 무더기이므로 괴로움이다."

－『디가 니카야』 22, 「대염처경(大念處經)」

어느 때 붓다께서 사위국 기수급고독원에서 여러 비구들에게 말씀하셨다.

"몸[色]은 무상하다. 무상은 곧 괴로움이고, 괴로움은 자아가 아니며, 자아가 아니면 내 것 또한 아니다. 이렇게 통찰하는 것을 진실하고 바른 통찰이라 한다. 이와 같이 느낌[受]·생각[想]·의지[行]·인식[識]도 무상하다. 무상은 곧 괴로움이고, 괴로움은 자아가 아니며, 자아가 아니면 내 것 또한 아니다. 이렇게 통찰하는 것을 진실하고 바른 통찰이라 한다.

거룩한 제자들아, 이렇게 통찰하는 자는 몸을 싫어하고, 느낌·생각·의지·인식을 싫어하고, 싫어하므로 즐기지 않고 즐기지 않으므로 해탈하게 된다."

– 『잡아함경』 제1권 제9경

어느 때 붓다께서 마구라산에 계셨는데, 시자(侍者)는 나타(羅陀) 비구였다. 세존께서 그에게 말씀하셨다.

"모든 색(色)이 과거의 것이든 미래의 것이든 현재의 것이든, 안에 있는 것이든 밖에 있는 것이든, 거친 것이든 섬세한 것이든, 아름다운 것이든 추한 것이든, 멀리 있는 것이든 가까이 있는 것이든, 그 모든 것은 다 '악마의 짓'이라고 통찰하라. 또 모든 수(受)·상(想)·행(行)·식(識)이 과거의 것이든 미래의 것이든 현재의 것이든, 안에 있는 것이든 밖에 있는 것이든, 거친 것이든 섬세한 것이든, 아름다운 것이든 추한 것이든, 멀리 있는 것이든 가까이 있는 것이든, 그 모든 것은 다 '악마의 짓'이라고 통찰하라."

그러고는 붓다께서 나타에게 물으셨다.

"색은 영원한가, 무상한가?"

"무상합니다, 세존이시여."

"무상하다면 그것은 괴로운 것인가?"

"그렇습니다, 세존이시여."

"수·상·행·식도 이와 같다. 나타야, 무상하고 괴로운 것이라면 그것은 변하는 법이다. 배운 게 많은 성자의 제자가 과연 그것에서 색은 '나'다, '나'와 다르다, '나'인 동시에 '나'가 아니라고 보겠느냐?"

"아닙니다, 세존이시여."

"배운 게 많은 성자의 제자는 이 5수음(受陰)을 '나'라거나 '내 것'이라고 보지 않으므로 모든 세간에서 소유할 게 없고, 소유할 게 없으므로 집착할 게 없고, 집착할 게 없으므로 스스로 열반을 깨달아 '나는 생을 이미 다했고, 청정한 수행을 이미 확립했고, 해야 할 일을 이미 해서 다시는 미혹한 생존을 되풀이하지 않는다.'는 것을 스스로 안다."

– 『잡아함경』 제6권 제120경

"이것으로 말미암아 이것이 있고, 이것이 일어나면 이것이 일어난다. 무명(無明)으로 말미암아 행(行)이 있고, 행으로 말미암아 식(識)이 있고, 식으로 말미암아 명색(名色)이 있고, 명색으로 말미암아 육입(六入)이 있고, 육입으로 말미암아 촉(觸)이 있고, 촉으로 말미암아 수(受)가 있고, 수로 말미암아 애(愛)가 있고, 애로 말미암아 취(取)가 있고, 취로 말미암아 유(有)가 있고, 유로 말미암아 사(死)가 있고, 사로 말미암아 우수(憂愁)와 고뇌가 헤아릴 수 없다. 이 5음(陰)으로 말미암아 이런 것들이 일어난다."

– 『증일아함경』 제42권 제3경

온(蘊)은 무더기·모임·더미를 뜻한다. 5온은 인간을 구성하는 다섯 가지 요소의 무더기로, 5음(陰)이라고도 한다. 5수음(受陰)에서 수(受)는 '집착'이라는 뜻이다. 집착을 뿌리로 한 중생의 5온은 괴로움일 수밖에 없고, 또 5온으로 인해 12연기가 일어난다. 이 5온에 대한 집착이 '나'에 대한 집착이고, '몸-마음'에 대한 집착이고, 중생의 첫 번째 집착이다. 온갖 집착과 번뇌와 망상과 갈등과 불안은 이 5온을 바탕으로 해서 일어나기 때문에 자신의 '몸-마음'에 집착하는 한, 안심도 없고 평온도 없고 해탈도 없다.

"세존이시여, '고(苦)'·'고(苦)'하시는데, 어떤 것을 고라고 합니까?"

"라다야, 몸[色]은 고이고, 느낌[受]은 고이고, 생각[想]은 고이고, 의지[行]는 고이고, 인식[識]은 고이다. 라다야, 나의 가르침을 들은 제자들은 이렇게 관찰하여 몸을 싫어하여 떠나고, 느낌·생각·의지·인식을 싫어하고 떠나 거기에 집착하지 않는다. 집착하지 않으므로 해탈에 이른다."

- 『상윳따 니카야』 23 : 15, 괴로움(1)

나타 비구가 붓다에게 여쭈었다.

"세존이시여, 중생이란 어떤 자를 말합니까?"

붓다께서 말씀하셨다.

"몸에 집착하고 얽매이는 자를 중생이라 하고, 느낌·생각·의지·인식에 집착하고 얽매이는 자를 중생이라 한다. 나타야, 몸의 경계는 반드시 허물어 소멸시켜야 하고, 느낌·생각·의지·인식의 경계도 반드시 허물어 소멸시켜야 한다. 그래서 애욕을 끊어 애욕이 다하면 괴로움이 다할 것이니, 괴로움이 다한 사람을 나는 '괴로움의 끝에 이르렀다.'고 한다.

비유하면 마을의 어린이들이 놀이로 흙을 모아 성과 집을 만들어 놓고, 소중히 여기고 집착하여 애욕이 끝이 없고 생각이 끝이 없고 탐닉이 끝이 없어, 늘 아끼고 지키면서 말하기를 '내 성이다, 내 집이다.' 하다가 그 흙더미에 애욕이 다하고 생각이 다하고 탐닉이 다하면 손으로 파헤치고 발로 차서 허물어뜨리는 것과 같다."

- 『잡아함경』 제6권 제122경

그때 마하구치라가 사리불에게 물었다.

"비구가 아직 확실한 법을 얻지 못해 그것을 구하려면, 어떤 수행을 하고 어떤 법을 사유해야 합니까?"

사리불이 대답했다.

"확실한 법을 구하려면 정성을 다해 5수음(受陰)은 병 같고 등창 같고 가시 같고 상처 같고, 무상하고 괴롭고 텅 비어 자아가 없다고 사유해야 합니다. 왜냐하면 그것은 당연히 그러하기 때문입니다. 만약 비구가 이 5수음에 대해 정성을 다해 사유한다면 수다원과(須陀洹果)를 증득할 것입니다."

또 사리불에게 물었다.

"수다원과를 증득하고 나서 사다함과(斯陀含果)를 증득하려면, 어떤 법을 사유해야 합니까?"

사리불이 말했다.

"구치라여, 수다원과를 증득하고 나서 사다함과를 증득하려면, 또 정성을 다해 5수음은 병 같고 등창 같고 가시 같고 상처 같고, 무상하고 괴롭고 텅 비어 자아가 없다고 사유해야 합니다. 왜냐하면 그것은 당연히 그러하기 때문입니다. 만약 비구가 이 5수음에 대해 정성을 다해 사유한다면 사다함과를 증득할 것입니다."

마하구치라가 또 사리불에게 물었다.

"사다함과를 증득하고 나서 아나함과(阿那含果)를 증득하려면, 어떤 법을 사유해야 합니까?"

사리불이 말했다.

"구치라여, 사다함과를 증득하고 나서 아나함과를 증득하려면, 또다시 정성을 다해 5수음은 병 같고 등창 같고 가시 같고 상처 같고, 무상하고 괴롭고 텅 비어 자아가 없다고 사유해야 합니다. 왜냐하면 그것은 당연히 그러하기 때문입니다. 만약 비구가 5수음에 대해 정성을 다해 사유하여 아나함과를 증득하고 나서 아라한과(阿羅漢果)를 증득하려면, 또다시 정성을 다해 5수음은 병 같고 등창 같고 가시 같고 상처 같고, 무상하고 괴롭고 텅 비어 자아가 없다고 사유해야 합니다. 왜냐하면 그것은 당연히 그러하기 때문입니다. 만약 비구가 5수음에 대해 정성을 다해 사유한다면 아라한과를 증득할 것입니다."

– 『잡아함경』 제10권 제259경

열반으로 가는 세 관문 — 무상(無常) · 고(苦) · 무아(無我)

"세존이시여, 자주 '무상'·'무상' 하시는데, 무엇을 무상이라 합니까?"

"라다야, 우리의 몸[色]은 변한다. 우리의 느낌[受]은 변한다. 우리의 생각[想]은 변한다. 우리의 의지[行]는 변한다. 우리의 인식[識]은 변한다. 라다야, 이같이 관찰해서 일체를 떠나라. 일체를 떠나면 탐욕이 없어지고, 탐욕이 없어지면 해탈할 수 있다. 해탈한 그때, 미혹된 삶은 끝난다."

– 『상윳타 니카야』 23 : 13, 무상(1)

"비구들아, 몸·느낌·생각·의지·인식은 무상하다. 이것들을
일어나게 한 원인과 조건도 무상하다. 비구들아, 무상한 것에
서 일어난 것들이 어찌 영원하겠는가."

- 『상윳타 니카야』 22 : 18, 원인(1)

무상(無常)의 대표적인 현상이 생(生)·노(老)·병(病)·사(死)이다. 인
간은 무상하기 때문에 죽고, 무상하기 때문에 태어나서 늙고 병
든다. 늙고 병들고 죽는 원인이 태어남이니, 생로병사가 무상이
고, 고이다.

어떤 사람이 사리불에게 물었다.
"사리불이여, '고·고'라고 합니다만, 어떤 것을 고라고 합니
까?"
"벗이여, 이런 세 가지가 고입니다. 그것은 고고(苦苦)·행고(行
苦)·괴고(壞苦)입니다. 벗이여, 이 세 가지가 고입니다."

- 『상윳타 니카야』 38 : 14, 괴로움

중생의 5온에는 집착이 번성하므로 고(苦)이고, 또 이 5온에 집착
해서 불안과 긴장과 두려움을 일으키므로 고이다. 고고(苦苦)는
태어나서 늙고 병들고 죽는 괴로움이고, 행고(行苦)는 불안하고
산란한 마음 상태에서 일어나는 괴로움이고, 괴고(壞苦)는 애착하
던 대상이 소멸함으로써 받는 괴로움이다.

케마카라는 비구가 병으로 누워 있을 때, 여러 비구가 병문안을 왔다.

"어떤가, 견딜 만한가?"

"어찌나 아픈지 견딜 수가 없네."

그때 한 비구가 그를 위로하고자 말했다.

"세존께서는 무아(無我)의 가르침을 설하지 않았는가."

그러자 케마카는 "나는 '나'가 있다고 생각한다."고 대답했다.

이에 여러 비구들이 따지고 들자 케마카가 말했다.

"벗들이여, '나'가 있다는 것은 이 몸이 '나'라는 뜻이 아니다. 또 감각이나 의식을 가리킨 것도 아니다. 또 그것들을 떠나서 따로 '나'가 있다는 뜻도 아니다. 벗들이여, 예를 들면 꽃의 향기와 같다. 만약 어떤 사람이 꽃잎에 향기가 있다고 한다면, 이 말을 맞는다고 하겠는가. 줄기에 향기가 있다고 한다면, 이 말을 맞는다고 하겠는가. 또 꽃술에 향기가 있다고 한다면, 어떻겠는가. 역시 향기가 꽃에서 난다고 할 수밖에 없지 않은가. 그것과 마찬가지로 몸이나 감각이나 의식을 '나'라고 하는 것은 옳지 않다. 또 그것을 떠나서 따로 '나의 본질'이 있다고 하는 것도 옳지 않다. 나는 그것들의 통일된 형태를 '나'라고 하는 것이다."

- 『상윳타 니카야』 22 : 89, 케마카

'나'라는 말은 5온의 일시적인 화합에 붙인 지칭·명칭일 뿐, 5온에 독자적으로 존속하는 실체도 없고 고유한 본질도 없다. 다만 갖가지 조건으로 형성되어 유지되다가 흩어지는 몸-마음의 흐름이 있을 뿐이다.

> "소나야, 어떻게 생각하느냐? 몸은 불변하느냐, 변하느냐?"
> "세존이시여, 변합니다."
> "변한다면, 그것은 괴로운 것이냐, 즐거운 것이냐?"
> "세존이시여, 괴로운 것입니다."
> "변하고 괴로운 것이라면, 그것을 관찰하여 이것은 '내 것'이다, 이것은 '자아'다, 이것은 '나의 본질'이라고 할 수 있겠느냐?"
> "세존이시여, 그럴 수는 없습니다."
>
> - 『상윳타 니카야』 22 : 49, 소나(1)

어느 때 붓다께서 사위국 기수급고독원에서 여러 비구들에게 말씀하셨다.

"몸은 무상하다. 무상은 곧 괴로움이고, 괴로움은 자아가 아니며, 자아가 아니면 내 것 또한 아니다. 이렇게 통찰하는 것을 진실하고 바른 통찰이라 한다. 이와 같이 느낌·생각·의지·인식도 무상하다. 무상은 곧 괴로움이고, 괴로움은 자아가 아니며, 자아가 아니면 내 것 또한 아니다. 이렇게 통찰하는 것을 진실하고 바른 통찰이라 한다.

거룩한 제자들아, 이렇게 통찰하는 자는 몸을 싫어하고, 느낌·생각·의지·인식을 싫어하고, 싫어하므로 즐기지 않고 즐기지 않으므로 해탈하게 된다." '

– 『잡아함경』 제1권 제9경

"비구들아, 죽음을 면하려거든 네 가지 근본 진리를 사유하라. 어떤 것이 네 가지인가?

모든 의식 작용은 '무상(無常)'하다. 이것이 첫 번째 근본 진리이니, 사유하고 수행하라.

모든 의식 작용은 '고(苦)'이다. 이것이 두 번째 근본 진리이니, 다 함께 사유하라.

모든 현상은 '무아(無我)'이다. 이것이 세 번째 근본 진리이니, 다 함께 사유하라.

모든 번뇌의 소멸이 '열반(涅槃)'이다. 이것이 네 번째 근본 진리이니, 다 함께 사유하라.

비구들아, 이 네 가지 근본 진리를 사유하라. 왜냐하면 그것으로 태어남·늙음·병듦·죽음·근심·슬픔·번뇌 등의 괴로움에서 벗어날 수 있기 때문이다."

– 『증일아함경』 제23권, 「증상품(增上品)」 제4경

① 모든 의식 작용은 무상하다[一切行無常], ② 모든 의식 작용은 고이다[一切行苦], ③ 모든 현상은 무아이다[一切法無我], ④ 모든 번뇌

의 소멸이 열반이다[滅盡爲涅槃]를 4법인(法印)이라 한다. 법(法)은 붓다의 '가르침'이고, 인(印)은 '특징'이라는 뜻이다. 4법인에서 ②를 빼고 3법인이라 하고, 4법인에서 ④를 빼고 3법인이라고도 한다.

계(戒)·정(定)·혜(慧) ― 3학(學)

어느 때 붓다께서 사위국 기수급고독원에서 여러 비구들에게 말씀하셨다.

"비구들아, 3학(學)이 있다. 어떤 것이 세 가지인가?

뛰어난 계학(戒學), 뛰어난 정학(定學), 뛰어난 혜학(慧學)이다.

어떤 것이 뛰어난 계학인가?

만약 비구가 바라제목차(波羅提木叉)에 머물러 규율에 맞는 몸가짐과 행위를 원만하게 갖추고 가벼운 죄를 보아도 두려운 마음을 내어 계를 지니면, 이것을 뛰어난 계학이라 한다.

어떤 것이 뛰어난 정학인가?

만약 비구가 온갖 악하고 불건전한 것들을 여의고, 일으킨 생각과 지속적인 고찰이 있고, 온갖 악하고 불건전한 것들을 여읜 데서 생긴 기쁨과 안락이 있는 초선(初禪)에 원만하게 머물고 (…) 제4선(禪)에 원만하게 머물면, 이것을 뛰어난 정학이라 한다.

어떤 것이 뛰어난 혜학인가?

만약 비구가 괴로움이라는 성스러운 진리를 진실 그대로 알고, 괴로움의 발생이라는 성스러운 진리, 괴로움의 소멸이라

는 성스러운 진리, 괴로움의 소멸에 이르는 길이라는 성스러
운 진리를 진실 그대로 알면, 이것을 뛰어난 혜학이라 한다."

- 『잡아함경』 제30권 제832경

계(戒)·정(定)·혜(慧)를 풀어놓으면 8정도(正道)이고, 8정도를 간추
리면 계·정·혜이다. 3학(學)에서 첫 번째가 계학(戒學)이고, 보살
의 수행 가운데 가장 중요한 6바라밀(波羅蜜)에서 두 번째가 지계
바라밀(持戒波羅蜜)이듯이 불교의 수행은 계율을 바탕으로 하고,
계율은 해탈의 근본이다.

율장(律藏)에 설해져 있는 낱낱의 금지 조항을 계(戒)라 하고,
그 낱낱 금지 조항의 전체를 바라제목차(波羅提木叉, ⓟ pātimokkha)
라고 한다. 바라제목차를 별해탈(別解脫)이라 번역하는데, 그것은
불살생계(不殺生戒)를 지켜 살생에서 벗어나고, 불망어계(不妄語戒)
를 지켜 거짓말에서 벗어나는 것처럼, 계를 지켜 거기서 벗어난
다는 뜻이다. 따라서 계를 간직한 삶은 청정하여 허물이 없고, 계
를 지키는 그 자체가 해탈로 가는 수행이다.

정학(定學)은 8정도의 바르게 집중하기[正定]를 닦는 수행자가
이르게 되는 네 단계의 선정, 즉 4선(禪)을 닦는 것이다.

"비구들아, 그러면 무엇이 바르게 집중하기인가? 비구가 애
욕과 불건전한 것들을 떠나고, 일으킨 생각과 지속적인 고찰
이 있고, (애욕 등을) 떠남으로써 생긴 기쁨과 안락이 있는 초

선(初禪)에 들어 머문다. 일으킨 생각과 지속적인 고찰이 가라 앉고, 마음이 고요하고 한곳에 집중됨으로써 생긴 기쁨과 안 락이 있는 제2선(禪)에 들어 머문다. 기쁨을 버리고 평온에 머 물며, 알아차리기와 분명한 앎을 지녀 몸으로 안락을 느낀다. 성자들이 '평온과 알아차리기를 지니고 안락에 머문다.'고 한 제3선(禪)에 들어 머문다. 안락도 버리고 괴로움도 버리며, 이 전에 기쁨과 슬픔을 없애버렸으므로 괴롭지도 즐겁지도 않 고, 평온과 알아차리기로 청정해진 제4선(禪)에 들어 머문다. 비구들아, 이것이 바르게 집중하기이다."

– 『디가 니카야』 22, 「대념처경(大念處經)」

불건전한 것은 열반에 이르는 데 장애가 되는 것을 말하고, 일으 킨 생각[覺, Ⓟ vitakka]은 집중하는 대상에 대해 일으킨 생각이고, 지속적인 고찰[觀, Ⓟ vicāra]은 그 대상에 대한 지속적인 고찰이다. 혜학(慧學)은 4성제를 진실 그대로 아는 지혜이다.

"비구가 수시로 뛰어난 계학과 뛰어난 정학과 뛰어난 혜학을 닦아서 때가 되면, 자연히 아무런 번뇌도 일어나지 않아 마음 이 잘 해탈할 것이다. 비구들아, 비유하면 닭이 알을 품고 열 흘이나 열이틀 동안 수시로 동정을 살피면서 시원하게 혹은 따뜻하게 잘 보호하는 것과 같다. 그러나 알을 품은 닭은 '오 늘 아니면 내일이나 훗날에 알을 부리로 쪼거나 발톱으로 긁

어서 병아리가 무사히 나올 수 있게 하리라.'고 생각하지 않는다. 그저 그 닭이 알을 잘 품고 수시로 잘 보호하면 병아리는 자연히 나오게 될 것이다. 비구들아, 이와 같이 3학(學)을 잘 닦아서 때가 되면, 자연히 아무런 번뇌도 일어나지 않아 마음이 잘 해탈할 것이다."

– 『잡아함경』제29권 제827경

네 가지 바른 노력 ― 4정근(正勤)

4정단(正斷)이라고도 한다. 열반에 이르기 위해 닦아야 하는 네 가지 바른 노력으로, 나태함과 나쁜 행위를 끊을 수 있기 때문에 단(斷)이라 한다.

어느 때 붓다께서 사위국 기수급고독원에서 여러 비구들에게 말씀하셨다.

"4정단(正斷)이 있다. 어떤 것이 네 가지인가?

하나는 단단(斷斷), 둘은 율의단(律儀斷), 셋은 수호단(隨護斷), 넷은 수단(修斷)이다.

어떤 것이 단단인가?

비구가 이미 생긴 악하고 불건전한 것들을 끊으려는 의욕을 가지고 부지런히 노력하는 데 마음을 쏟는 것이다.

어떤 것이 율의단인가?

아직 생기지 않은 악하고 불건전한 것들이 생기지 않도록 의욕을 가지고 부지런히 노력하는 데 마음을 쏟는 것이다.

어떤 것이 수호단인가?

아직 생기지 않은 건전한 것들이 생기도록 의욕을 가지고 부지런히 노력하는 데 마음을 쏟는 것이다.

어떤 것이 수단인가?

이미 생긴 건전한 것들을 더욱더 닦고 익히려는 의욕을 가지고 부지런히 노력하는 데 마음을 쏟는 것이다."

    – 『잡아함경』 제31권 제877경

다섯 가지 마음의 기능 — 5근(根)

열반에 이르게 하는 다섯 가지 마음의 기능을 말한다. 근(根, ⑤⑫ indriya)은 기관·기능·작용을 뜻한다.

어느 때 붓다께서 사위국 기수급고독원에서 여러 비구들에게 말씀하셨다.

"5근(根)이 있다. 어떤 것이 5근인가? 신근(信根)·정진근(精進根)·염근(念根)·정근(定根)·혜근(慧根)이다. 신근은 4불괴정(不壞淨)을 아는 것이고, 정진근은 4정단(正斷)을 아는 것이고, 염근은 4염처(念處)를 아는 것이고, 정근은 4선(禪)을 아는 것이고, 혜근은 4성제(聖諦)를 아는 것이다."

    – 『잡아함경』 제26권 제646경

어느 때 붓다께서 사위국 기수급고독원에서 여러 비구들에게 말씀하셨다.

"5근(根)이 있다. 어떤 것이 5근인가?

신근(信根)·정진근(精進根)·염근(念根)·정근(定根)·혜근(慧根)이다. 어떤 것이 신근인가?

비구가 여래에게 일으킨 청정한 신심(信心)의 근본이 견고하여 다른 사문·바라문과 모든 신·악마·범천과 그 밖의 세상 사람들이 그 마음을 무너뜨릴 수 없는 것을 신근이라 한다.

어떤 것이 정진근인가?

이미 생긴 악하고 불건전한 것들[不善法]을 끊으려는 의욕을 가지고 방편을 써서 마음을 집중하여 힘써 정진하고, 아직 생기지 않은 악하고 불건전한 것들이 생기지 않도록 의욕을 가지고 방편을 써서 마음을 집중하여 힘써 정진하며, 아직 생기지 않은 건전한 것들[善法]이 생기도록 의욕을 가지고 방편을 써서 마음을 집중하여 힘써 정진하고, 이미 생긴 건전한 것들이 사라지지 않도록 더욱 더 닦고 익히려는 의욕을 가지고 방편을 써서 마음을 집중하여 힘써 정진하는 것을 정진근이라 한다.

어떤 것이 염근인가?

비구가 몸의 안과 겉을 있는 그대로 관찰하여 알아차리기를 확립하면서 간절히 정진하고 바르게 알아차리기와 바른 지혜로 세상의 탐욕과 근심을 다스리며, 느낌·마음·현상의 안과 곁을 있는 그대로 관찰하여 바르게 알아차리기와 바른 지혜로 세상의 탐욕과 근심을 다스리는 것을 염근이라 한다.

어떤 것이 정근인가?

비구가 탐욕과 악하고 불건전한 것들을 여의어서, 일으킨 생각과 지속적인 고찰이 있고 기쁨과 안락을 느끼는 초선을 원만하게 성취하여 머물고 (…) 제4선을 원만하게 성취하여 머무는 것을 정근이라 한다.

어떤 것이 혜근인가?

비구가 괴로움이라는 성스러운 진리를 진실 그대로 알고, 괴로움의 발생이라는 성스러운 진리, 괴로움의 소멸이라는 성스러운 진리, 괴로움의 소멸에 이르는 길이라는 성스러운 진리를 진실 그대로 아는 것을 혜근이라 한다."

– 『잡아함경』 제26권 제647경

위의 인용문에서 4불괴정(不壞淨)은 불(佛)·법(法)·승(僧)과 계(戒)에 대한 견고하고 청정한 믿음을 말한다.

어느 때 붓다께서 사위국 기수급고독원에서 여러 비구들에게 말씀하셨다.

"너희들은 가엾이 여기는 마음과 자비로운 마음을 내야 한다. 만약 어떤 사람이 너희들의 말을 듣고 즐겁게 받아들이거든 그들을 위해 네 가지 견고하고 청정한 믿음을 설하여 그들이 거기에 들어가 머물도록 해라.

어떤 것이 네 가지인가?

불(佛)에 대한 견고하고 청정한 믿음과 법(法)에 대한 견고하고 청정한 믿음과 승(僧)에 대한 견고하고 청정한 믿음과 거룩한 계(戒)를 성취하는 것이다. 왜냐하면 지·수·화·풍의 4대는 변화와 증감이 있지만, 이 네 가지 견고하고 청정한 믿음은 증감과 변화가 없기 때문이다. 증감과 변화가 없다는 것은, 배운 게 많은 성자의 제자가 불(佛)에 대한 견고하고 청정한 믿음을 성취하고도 지옥이나 축생이나 아귀에 떨어지는 일은 없다는 말이다. 그러므로 비구들아, 다짐하기를 '나는 반드시 불(佛)에 대한 견고하고 청정한 믿음과 법(法)과 승(僧)에 대한 견고하고 청정한 믿음을 성취하고 거룩한 계(戒)를 성취할 것이며, 다른 사람도 반드시 그 원을 세우고 성취하게 하리라.'고 해야 한다."

– 『잡아함경』 제30권 제836경

네 가지 알아차리기의 확립 — 4염처(念處)

몸[身]·느낌[受]·마음[心]·현상[法]에서 일어나고 사라지는 변화의 순간순간을 놓치지 않고 지속적으로 관찰해서 알아차리기[ⓟ sati]를 확립하는 수행이다.

세존께서 말씀하셨다.

"비구들아, 이것은 모든 중생을 청정하게 하고, 근심과 탄식을 건너게 하고, 육체적 괴로움과 정신적 괴로움을 사라지게 하고, 올바른 길을 터득하게 하고, 열반을 실현하게 하는 유일한 길이다. 그것은 곧 4염처(念處)이다.

무엇이 4염처인가?

비구들아, 비구가 몸[身]에서 몸을 관찰하면서 머문다. 세간에 대한 탐욕과 싫어하는 마음을 버리고, 근면하게 분명한 앎과 알아차리기를 지니고 머문다.

느낌[受]에서 느낌을 관찰하면서 머문다. 세간에 대한 탐욕과 싫어하는 마음을 버리고, 근면하게 분명한 앎과 알아차리기를 지니고 머문다.

마음[心]에서 마음을 관찰하면서 머문다. 세간에 대한 탐욕과 싫어하는 마음을 버리고, 근면하게 분명한 앎과 알아차리기를 지니고 머문다.

현상[法]에서 현상을 관찰하면서 머문다. 세간에 대한 탐욕과 싫어하는 마음을 버리고, 근면하게 분명한 앎과 알아차리기를 지니고 머문다."

- 『디가 니카야』 22, 「대염처경(大念處經)」

"아난아, 자기를 섬으로 삼아 자기에게 의지하고, 가르침을 섬으로 삼아 가르침에 의지하라. 다른 것을 섬으로 삼지 말고 다른 것에 의지하지 마라."

아난이 붓다에게 여쭈었다.

"세존이시여, 어떤 것이 자기를 섬으로 삼아 자기에게 의지하는 것입니까? 어떤 것이 가르침을 섬으로 삼아 가르침에 의지하는 것입니까? 어떤 것이 다른 것을 섬으로 삼지 않고 다른 것에 의지하지 않는 것입니까?"

"비구라면 몸[身]에서 몸을 관찰하는 염처(念處)에서 거듭 힘써 수행해서 바른 지혜와 바른 알아차림으로 세간의 탐욕과 근심을 다스려야 한다. 이와 같이 몸의 안팎을 관찰하고, 느낌[受]·마음[心]에서도 마찬가지로 하고, 현상[法]에서 현상을 관찰하는 염처에서도 그와 같이 한다.

아난아, 이것이 자기를 섬으로 삼아 자기에게 의지하고, 가르침을 섬으로 삼아 가르침에 의지하고, 다른 것을 섬으로 삼지 않고 다른 것에 의지하지 않는 것이다."

– 『잡아함경』 제24권 제638경

"비구들아, 만약 어떤 사람이 '사문 싯다르타는 우안거(雨安居) 동안 어떤 수행을 자주 하는가?' 하고 물으면, 너희들은 '세존은 들숨과 날숨을 알아차리는 수행을 자주 하면서 우안거를 보내셨다.'고 말하라.

비구들아, 나는 바르게 관찰하면서 숨을 들이쉬고, 바르게 관찰하면서 숨을 내쉰다."

– 『상윳타 니카야』 54 : 11, 잇차낭갈라

그때 세존께서 거듭 비구들에게 말씀하셨다.

"만약 비구가 죽음에 대해 사유하면서 전면에 알아차리기를 확립하고, 마음을 움직이지 않으며, 들숨과 날숨의 드나드는 횟수를 알아차리면서 그 사이에 7각지(覺支)를 사유한다면, 여래의 가르침에서 많은 이익을 얻을 것이다. 왜냐하면 모든 의식 작용은 텅 비어 일어나는 것이나 소멸하는 것이나 모두 허깨비이고 진실함이 없기 때문이다. 그러므로 비구들아, 들숨과 날숨 속에서 죽음에 대해 사유한다면 곧바로 생로병사와 근심·걱정과 고뇌에서 벗어날 것이다."

- 『증일아함경』 제35권 제8경

"비구들아, 들숨과 날숨을 알아차리는 수행을 거듭거듭 하면 4염처를 성취하게 된다.

4염처를 거듭거듭 수행하면 7각지를 성취하게 된다.

7각지를 거듭거듭 수행하면 지혜와 해탈을 성취하게 된다.

비구들아, 들숨과 날숨을 알아차리는 수행을 어떻게 거듭해야 큰 결실과 이익이 있는가?

비구들아, 어떤 비구가 숲이나 나무 아래나 빈방에서 가부좌하고 상체를 곧게 세우고 전면에 알아차리기를 확립한다. 그러고는 알아차리면서 숨을 들이쉬고 알아차리면서 숨을 내쉰다."

- 『맛지마 니까야』 118, 「들숨과 날숨을 알아차리는 경」

들숨과 날숨을 계속 알아차려 마음이 안정되면서 4염처 수행으로 진전되고, 4염처를 거듭 수행해 나가면 7각지를 체험하게 된다.

일곱 가지 깨달음의 요소 ─ 7각지(覺支)

"비구들아, 어떻게 4염처를 거듭 수행해서 7각지를 완성하게 되는가?

비구들아, 세간에 대한 탐욕과 싫어하는 마음을 버리고, 근면하게 분명한 앎과 알아차리기를 지닌다. 비구가 몸에서 몸을 관찰하는 수행을 하면서 지낼 때, (…) 느낌에서 느낌을 관찰하는 수행을 하면서 지낼 때, (…) 마음에서 마음을 관찰하는 수행을 하면서 지낼 때, (…) 현상에서 현상을 관찰하는 수행을 하면서 지낼 때, 알아차리기가 뚜렷이 확립되어 그에게 염각지(念覺支)가 생기고, 그것을 닦아 염각지를 완성하게 된다.

그 비구가 그렇게 알아차리기를 지니고 머물면서 지혜로 몸-마음의 현상들을 고찰하고 검토하고 사색할 때, 그에게 택법각지(擇法覺支)가 생기고, 그것을 닦아 택법각지를 완성하게 된다.

그 비구가 지혜로 몸-마음의 현상들을 고찰하고 검토하고 사색할 때, 그에게 지칠 줄 모르는 정진이 생기고, 그때 그에게 정진각지(精進覺支)가 생기며, 그것을 닦아 정진각지를 완성하게 된다.

정진을 일으켜 수행에 몰두하는 그 비구에게 세간에서 맛볼 수 없는 기쁨이 생기고, 그때 그에게 희각지(喜覺支)가 생기며,

그것을 닦아 희각지를 완성하게 된다.

기쁨을 느끼는 그 비구는 몸-마음이 편안하다. 그때 그에게 경안각지(輕安覺支)가 생기고, 그것을 닦아 경안각지를 완성하게 된다.

몸-마음이 편안한 그 비구는 더욱 집중하게 된다. 그때 그에게 정각지(定覺支)가 생기고, 그것을 닦아 정각지를 완성하게 된다.

이처럼 마음이 집중된 그 비구는 마음의 평온을 잘 유지한다. 그때 그에게 사각지(捨覺支)가 생기고, 그것을 닦아 사각지를 완성하게 된다."

- 『맛지마 니카야』 118, 「들숨과 날숨을 알아차리는 경」

"과거의 모든 여래(如來)·무소착(無所著)·등정각(等正覺)도 다 5개(蓋)와 마음의 더러움과 약한 지혜를 끊고 마음을 다잡아 4염처에 바르게 머물고 7각지를 닦아 위없고 바른 깨달음을 얻었고, 미래의 모든 여래·무소착·등정각도 다 5개와 마음의 더러움과 약한 지혜를 끊고 마음을 다잡아 4염처에 바르게 머물고 7각지를 닦아 위없고 바른 깨달음을 얻을 것이며, 현재의 여래·무소착·등정각인 나도 5개와 마음의 더러움과 약한 지혜를 끊고 마음을 다잡아 4염처에 바르게 머물고 7각지를 닦아 위없고 바른 깨달음을 얻었다."

- 『중아함경』 제24권, 「염처경(念處經)」

7각지는 4염처를 거듭 수행함으로써 체험하게 되는 '일곱 가지 깨달음의 요소'이다. 7각분(覺分)·7각의(覺意)라고도 한다.

5개(蓋)는 수행하는 과정에서 일어나는 다섯 가지 장애, 즉 탐욕·진에(瞋恚, 분노)·수면(睡眠, 혼미와 졸음)·도회(掉悔, 들뜸과 후회)·의(疑, 의심)이다.

무상·고·무아를 통찰하는 수행 — 위팟사나(vipassanā)

그때 아난존자가 상좌(上座)에게 가서 공경히 인사하고 안부를 물은 뒤 한쪽에 물러나 앉아서 물었다.

"비구가 한적한 삼림이나 조용한 방에서 사유하려면 어떤 방법으로 세밀하게 사유해야 합니까?"

상좌가 대답했다.

"아난존자여, 사마타[止]와 위팟사나[觀]의 두 가지 방법으로 사유해야 합니다."

"사마타를 거듭거듭 수행하면 무엇이 이루어지고, 위팟사나를 거듭거듭 수행하면 무엇이 이루어집니까?"

"아난존자여, 사마타를 거듭 수행하면 결국 위팟사나가 이루어지고, 위팟사나를 거듭 수행하면 사마타가 이루어집니다. 성자의 제자는 사마타와 위팟사나를 함께 수행해서 모든 해탈의 경지에 이릅니다."

- 『잡아함경』 제17권 제464경

묘한 말씀 아무리 많이 읽어도

방탕하여 계율을 지키지 않고

탐욕과 분노와 어리석음에 빠져서

지관(止觀, 사마타와 위팟사나)을 닦지 않으면

소 떼와 같을 뿐

붓다의 제자라고 할 수 없다.

－『법구경』, 「쌍요품(雙要品)」

"비구들아, 사마타를 닦으면 어떤 이로움이 있는가?

마음이 닦여져 탐욕이 끊어진다.

비구들아, 위팟사나를 닦으면 어떤 이로움이 있는가?

지혜가 닦여져 무명(無明)이 끊어진다."

－『앙굿따라 니까야』 2 : 30, 명(明)

사마타(ⓟ samatha, 止)는 '고요함'이라는 뜻이다. 한곳에 집중해서 마음의 동요와 산란이 가라앉고 그친 상태이다. 위팟사나(ⓟ vipassanā, 觀)는 대상을 '해체해서 꿰뚫어 보는 통찰'이다. 사마타는 집중하는 삼매[定]이고, 위팟사나는 대상을 무상·고·무아라고 통찰하는 지혜[慧] 수행이다. 여기서 대상은 '나 자신'을 해체한 4염처나 5온이다.

중생에 대한 네 가지 한량없는 마음 — 자비희사(慈悲喜捨)

그때 세존께서 사위성에서 걸식하여 식사를 하고 나서 기원
정사에서 산책하다가 나운(羅雲, 라훌라)에게 가서 말씀하셨다.
"너는 반드시 들숨과 날숨에 집중하는 수행을 하라. 그것을
닦으면 온갖 근심·걱정이 사라질 것이다. 또 육신은 깨끗하
지 못하다는 부정관(不淨觀)을 닦으라. 탐욕이 소멸될 것이다.

나운아, 살아 있는 것들이 다 행복하기를 바라는 마음[慈心]을
닦으라. 그러면 분노가 소멸될 것이다.

나운아, 살아 있는 것들이 다 고뇌에서 벗어나기를 바라는 마음
[悲心]을 닦으라. 그러면 남을 해치려는 마음이 소멸될 것이다.

나운아, 남이 즐거워하면 함께 기뻐하는 마음[喜心]을 닦으라.
그러면 질투하는 마음이 소멸될 것이다.

나운아, 남을 평온하게 대하는 마음[捨心]을 닦으라. 그러면
교만한 마음이 소멸될 것이다."

– 『증일아함경』 제7권 17, 「안반품(安般品)」

붓다께서 말씀하셨다.
"라훌라야, 자(慈)에 대해 명상하라. 이것으로 성냄이 사라진다.

라훌라야, 비(悲)에 대해 명상하라. 이것으로 남을 해치려는
마음이 사라진다.

라훌라야, 희(喜)에 대해 명상하라. 이것으로 미워하는 마음이
사라진다.

라훌라야, 사(捨)에 대해 명상하라. 이것으로 마음의 흔들림이 사라진다.

라훌라야, 부정(不淨)에 대해 명상하라. 이것으로 탐욕이 사라진다.

라훌라야, 무상(無常)에 대해 명상하라. 이것으로 아만(我慢)이 사라진다."

- 『맛지마 니카야』 62, 「라훌라를 가르친 큰 경」

세존께서 말씀하셨다.

"아난아, 내가 이전에 너에게 4무량(無量)을 설했다. 비구는 살아 있는 것들이 다 행복하기를 바라는 마음[慈心]을 4방·4유·상하에 가득 채운다. 그 마음과 함께하면 번뇌도 없고 원한도 없고 분노도 없고 다툼도 없나니, 지극히 광대하고 한량없이 잘 닦아 모든 세간을 가득 채우고 지낸다.

이와 같이 살아 있는 것들이 다 고뇌에서 벗어나기를 바라는 마음[悲心]과 남이 즐거워하면 함께 기뻐하는 마음[喜心]과 남을 평온하게 대하는 마음[捨心]도 그러하여, 번뇌도 없고 원한도 없고 분노도 없고 다툼도 없나니, 지극히 광대하고 한량없이 잘 닦아 모든 세간을 가득 채우고 지낸다.

아난아, 너는 젊은 비구들에게 이 4무량을 설하여 그들을 가르쳐야 한다. 만약 젊은 비구들에게 이 4무량을 설하여 가르치면, 그들은 평온을 얻고 힘을 얻고 즐거움을 얻어, 번뇌의 열기로 뜨거워지지 않고 일생 동안 청정한 행을 닦을 것이다."

– 『중아함경』 제21권, 「장수왕품(長壽王品)」, 〈설처경(說處經)〉

붓다의 마지막 여정

遊行經 유행경

후진(後秦)의 불타야사(佛陀耶舍)와 축불념(竺佛念)이 번역한『장아함경(長阿含經)』의 제2경(제2-4권)으로, 붓다가 80세 되던 해에 왕사성을 출발하여 입멸(入滅)한 장소인 쿠시나가라에 이르기까지의 과정과 그곳에서의 마지막 설법, 입멸 후의 화장, 유골의 분배 등을 자세히 기록한 경이다.

붓다는 마가다국의 우루벨라 마을에 있는 네란자라 강변의 보리수 아래서 깨달음을 이룬 후, 갠지스 강의 중류 유역을 중심으로 40여 년 동안 여러 곳으로 다니면서 가르침을 설했다. 80세가 되던 해, 붓다는 왕사성의 영취산을 뒤로 하고 북쪽으로 향했다. 아난(阿難)과 여러 비구들이 뒤따랐다. 날란다에서 잠시 머문 후, 갠지스 강을 건너 바이샬리에 도착하여 대나무 숲에서 여름 안거(安居)를 보낸다. 그때 붓다는 더위와 장마를 이기지 못해 병에 걸려 심한 고통을 겪었다.

장마철이 거의 지나갈 무렵, 병에서 회복한 붓다가 나무 그늘에서 쉬고 있을 때, 아난이 곁에 앉아 왜 교단에 대해 아무런 유언이 없으신지 물었다. 그는 붓다가 입멸하기 전에 교단의 후계자를 지명할 것이라고 생각했던 것이다.

붓다께서 아난에게 말씀하셨다.

"교단이 내게 바라는 것이라도 있느냐? 만약 어떤 이가 스스로 '나는 교단을 거느리고 있다, 나는 교단을 다스리고 있다.'고 말한다면, 그는 교단에 대해 할 말이 있겠지만 여래는 '나는 교단을 거느리고 있다, 나는 교단을 다스리고 있다.'고 말하지 않았다. 그러니 어찌 교단에 대해 할 말이 있겠는가.

아난아, 나는 설해야 할 가르침을 안팎으로 이미 다 설했지만 '보이는 것에 모두 통달했다.'고 자칭한 적은 한 번도 없다. 나는 이미 늙어 나이가 80이다. 낡은 수레를 수리하면 좀 더

갈 수 있는 것처럼 내 몸도 그러하다. 일시적인 힘으로 잠시 목숨을 연장할 수 있기에 자력으로 정진하면서 이 고통을 참는다. 일체의 생각을 염두에 두지 않고 무상정(無想定)에 들면 내 몸은 안온하여 괴로움과 근심이 없어질 것이다.

아난아, 스스로 맹렬히 정진하되 가르침에 맹렬히 정진하고 다른 것에 맹렬히 정진하지 마라. 스스로 귀의하되 가르침에 귀의하고 다른 것에 귀의하지 마라.

이것은 어떻게 하는 것인가?

아난아, 몸[身]의 안팎을 부지런히 관찰하여 알아차림으로써 세상에 대한 탐욕과 근심을 없앤다. 느낌[受]과 마음[心]과 현상[法]도 이렇게 관찰한다. 아난아, 이것을 스스로 맹렬히 정진하되 가르침에 맹렬히 정진하고 다른 것에 맹렬히 정진하지 말며, 스스로 귀의하되 가르침에 귀의하고 다른 것에 귀의하지 말라는 것이다.

아난아, 내가 입멸한 뒤에 이렇게 수행하는 자가 있으면, 그는 곧 나의 참 제자이고 제일 가는 수행자일 것이다." (···)

그때 세존께서 강당으로 가서 자리에 앉아 여러 비구들에게 말씀하셨다.

"너희들은 알아야 한다. 나는 이러한 수행법으로 스스로 증득하여 최정각(最正覺)을 이루었다. 4염처(念處)·4정근(正勤)·4신족(神足)·4선(禪)·5근(根)·5력(力)·7각지(覺支)·8정도(正道)가 그것이다. 너희들은 이 수행법 가운데서 서로 화합하고 공경하고 순종하며 다투지 마라. 같은 스승에게서 가르침을 받았으니, 물과 우유처럼 섞여 내 가르침 가운데서 부지런히 공부하고 맹렬히 정진하면서 함께 즐겨라.

비구들아, 나는 이러한 가르침들을 스스로 증득하여 그대들에게 널리 드러내었음을 알아야 한다. 관경(貫經)·기야경(祇夜經)·수기경(受記經)·게경(偈經)·법구경(法句經)·상응경(相應經)·본연경(本緣經)·천본경(天本經)·광경(廣經)·미증유경(未曾有經)·증유경(證喩經)·대교경(大教經)이 그것이다. 너희들은 이를 잘 받아 지녀서 가늠하고 분별하여 상황에 따라 알맞게 수행해야 한다. 여래는 3개월 뒤에 반열반(般涅槃)할 것이다."

여러 비구들은 이 말씀을 듣고 모두 깜짝 놀라 숨이 막히고 정신이 아찔하여 땅바닥에 몸을 던지고 큰 소리로 탄식했다. "어찌하여 붓다께서 이다지도 빨리 멸도(滅度)하시는가. 세간의 눈이 사라지게 되었으니 이 얼마나 가슴 아픈 일인가. 우리는 이제 영영 망해버렸구나."

어떤 비구는 마치 두 동강 난 뱀이 꿈틀꿈틀 뒹굴면서 헤매는 것처럼 가슴을 치며 펄쩍펄쩍 뛰고 뒹굴고 울부짖으며 어쩔 줄 몰라 했다.

붓다께서 여러 비구들에게 말씀하셨다.

"그만 두어라, 걱정하거나 슬퍼하지 마라. 이 세상 만물로 생겨나서 끝나지 않은 것은 하나도 없다. 변하는 것을 변하지 않게 할 수는 없는 법이다. 전에도 말했지만 인정과 애정은 영원하지 않고, 모이면 흩어지기 마련이다. 몸은 자기 소유가 아니고 목숨은 오래 가지 않는다."(…)

그때 세존의 얼굴 모습은 평온했고 위엄스러운 광명이 타오르듯 빛났으며, 6근(根)은 청정했고 얼굴빛은 평화롭고 기쁨에 넘쳤다. 아난이 그 모습을 보고 생각했다.

'내가 세존을 모신 지 25년이나 되었지만 세존의 얼굴빛이 저렇게 밝게 빛나는 것을 본 적이 없다.'

그러고는 자리에서 일어나 오른쪽 무릎을 땅에 대고 차수합장(叉手合掌)하여 붓다에게 여쭈었다.

"제가 세존을 모신 지 25년이나 되었지만 지금처럼 세존의 얼굴이 빛나는 것을 보지 못했습니다. 무슨 까닭인지 듣고 싶습니다."

붓다께서 말씀하셨다.

"여래의 얼굴빛이 보통 때보다 빛나는 경우는 두 번 있다. 하나는 붓다가 처음 도(道)를 얻어 무상정진각(無上正眞覺)을 이루었을 때이고, 둘은 멸도에 임박해서 목숨을 버리고 반열반 하려 할 때이다."

붓다와 그 일행은 바이샬리에서 며칠을 머문 뒤 쿠시나가라로 향했다. 붓다는 바이샬리를 떠나면서 아난에게 "내가 바이샬리를 보는 것도 마지막이 되리라." 하고는 코끼리처럼 천천히 바이샬리를 뒤돌아보았다.

간다키 강을 건넌 붓다는 쿠시나가라 근처의 어느 마을에 이르렀다. 거기서 그는 대장장이의 아들 춘다가 바친 버섯 요리를 먹은 후 피를 토하는 심한 통증을 일으켰다. 병의 고통을 참고 견디면서 쿠시나가라에 이르러 사라(沙羅)나무 숲으로 들어갔다.

그때 세존께서 쿠시나가라에 들어가 말라족(末羅族)이 사는 곳으로 향하셨다. 그리고 쌍수(雙樹) 사이로 가서 아난에게 말씀하셨다.

"쌍수 사이에 누울 자리를 마련하는데 머리는 북쪽을 향하도록 하고 얼굴은 서쪽을 향하도록 해라. 왜냐하면 장차 내 가르침이 널리 퍼져 북쪽에서 오래 머물 것이기 때문이다."

아난이 세존의 머리를 북쪽으로 향하도록 자리를 마련하자 세존께서 몸소 승가리(僧伽梨)를 네 번 접어 그 위에 누우셨는데, 사자처럼 오른쪽 옆구리를 땅에 대고 발을 포개셨다. (…)

그때 세존께서 울다라승(鬱多羅僧)을 헤치고 금빛 팔을 내보이며 여러 비구들에게 말씀하셨다.

"너희들은 우담발화(優曇鉢華)가 드물게 피는 것처럼, 여래도 그렇게 드물게 출현한다고 생각하라."

그러고는 이 뜻을 거듭 밝히려고 게송으로 말씀하셨다.

오른팔은 자금색(紫金色)

붓다 출현 영서(靈瑞) 같고

가고 오는 의식 작용 무상하니
방일(放逸)하지 않으면 열반 얻으리라.

"그러므로 비구들아, 방일하지 마라. 나는 방일하지 않았기
때문에 정각(正覺)을 이루었다. 한량없는 온갖 선(善)도 방일
하지 않음으로써 얻는다. 이 세상 만물로서 영원히 존재하는
것은 없다. 이것이 여래가 남기는 최후의 말이다."
세존께서 이렇게 말씀하신 뒤 초선(初禪)에 드셨다. 그러고는
초선에서 나와 제2선(第二禪)에 들고, 제2선에서 나와 제3선
(第三禪)에 들고, 제3선에서 나와 제4선(第四禪)에 들고, 제4선
에서 나와 공처정(空處定)에 들고, 이 선정에서 나와 식처정(識
處定)에 들고, 이 선정에서 나와 불용정(不用定)에 들고, 이 선
정에서 나와 유상무상정(有想無想定)에 들고, 이 선정에서 나와
멸상정(滅想定)에 드셨다.
그때 아난이 아나율(阿那律)에게 물었다.
"세존께서 반열반하셨습니까?"
아나율이 대답했다.
"아닙니다, 아난이여. 세존께서는 지금 멸상정에 드셨습니다.
옛날에 내가 붓다께 직접 들었는데 제4선에서 나와 반열반하
신다고 했습니다."
그때 세존께서 멸상정에서 나와 유상무상정에 들고, 이 선정
에서 나와 불용정에 들고, 이 선정에서 나와 식처정에 들고, 이

… 유행경

…
129

선정에서 나와 공처정에 들고, 이 선정에서 나와 제4선·제3
선·제2선·제1선에 차례로 들고, 다시 제1선에서 나와 제2선·
제3선·제4선에 차례로 든 뒤, 제4선에서 나와 반열반하셨다.

'몸[身]의 안팎을 부지런히 관찰하여 알아차림으로써 세상에 대
한 탐욕과 근심을 없앤다. 느낌[受]과 마음[心]과 현상[法]도 이렇
게 관찰한다.'는 4염처(念處) 수행을 말한다.

　'관경(貫經) … 대교경(大教經)'은 경전의 서술 형식이나 내용을
열두 가지로 분류한 12부경(部經)이다. 관경은 산문체로 된 것이
고, 기야경(祇夜經)은 산문체로 된 내용을 다시 운문체로 설한 것,
수기경(受記經)은 붓다가 제자에게 미래에 성불할 것이라고 예언
한 부분이다. 게경(偈經)은 운문체로 된 것, 법구경(法句經)은 질문
자 없이 붓다 스스로 설한 법문, 상응경(相應經)은 불제자의 과거
인연을 설한 부분, 본연경(本緣經)은 붓다의 전생 이야기, 천본경
(天本經)은 붓다를 만나 설법을 듣게 된 동기를 설한 부분으로 서
품(序品)이 여기에 해당한다. 광경(廣經)은 방대한 진리를 설한 부
분, 미증유경(未曾有經)은 붓다의 불가사의한 신통력을 설한 부분,
증유경(證喻經)은 비유로써 가르침을 설한 부분, 대교경은 교리에
대해 문답한 부분이다.

　반열반(般涅槃)은 Ⓢ parinirvāṇa Ⓟ parinibbāna의 음사이고, 입
멸(入滅)·멸도(滅度)라고 번역한다. 육신의 소멸, 곧 죽음을 뜻한다.

　차수합장(叉手合掌)은 두 손바닥을 합하고 오른손 다섯 손가락

의 끝과 왼손 다섯 손가락의 끝을 약간 교차시키는 예법이다.

쌍수(雙樹)는 두 그루의 사라나무를 말한다. 이 나무는 교목으로 잎은 긴 타원형에 끝이 뾰족하고, 옅은 노란색의 꽃이 핀다.

승가리(僧伽梨)는 큰 가사(袈裟)이고, 울다라승(鬱多羅僧)은 윗도리로 입는 옷이다.

우담발화(優曇鉢華)는 ⑤ⓟ udumbara의 음사이고, 영서(靈瑞)라고 번역한다. 인도 북부와 데칸고원에서 자라는 우담발의 꽃이다. 우담발은 낙엽 관목으로 잎은 긴 타원형이고, 열매는 여러 개가 모여 맺힌다. 작은 꽃이 항아리 모양의 꽃받침에 싸여 보이지 않기 때문에 3천 년 만에 한 번 꽃이 핀다고 하여, 그 꽃을 희귀한 것이나 만나기 어려운 것에 비유한다.

방일(放逸)은 자제와 집중을 하지 못하고 온갖 욕망·감정·충동 등에 끌려 다닌다는 뜻이다. 불방일(不放逸)은 그 반대로 '마음을 다잡다, 마음을 지키다, 마음을 단속하다, 마음을 단단히 하다, 마음의 산란을 가라앉히다, 제멋대로 하지 않다.' 등으로 풀이할 수 있다. 따라서 불방일은 알아차리기[念, ⓟ sati]와 같은 말이다. 그리고 정진(精進)의 반대말은 나태(懈怠)이다. 이게 불방일과 정진의 차이다.

공처정(空處定)은 허공은 무한하다고 주시하는 선정이고, 식처정(識處定)은 마음의 작용은 무한하다고 주시하는 선정, 불용정(不用定)은 존재하는 것은 없다고 주시하는 선정이다. 유상무상정(有想無想定)은 생각이 있는 것도 아니고 생각이 없는 것도 아닌 선정, 즉 욕계(欲界)·색계(色界)의 거친 생각은 없지만 미세한 생각이 없지 않은 선정이고, 멸상정(滅想定)은 모든 마음 작용이 소멸된 선정으로 멸진정(滅盡定)과 같다. 초선에서 차례대로 제2선·제3선·제4선에 들고 계속해서 공처정·식처정·불용정·유상무상정·멸상정에 드는 수행을 9차제정(九次第定)이라 한다.

◎

대승 경전

붓다 입멸 후 100년경에서 400년경 사이에 분열된 불교 교단을 부파불교(部派佛敎)라고 한다. 이 시기의 특징은 각 부파마다 붓다의 가르침에 대한 주석적인 연구가 활발해져 아비달마(阿毘達磨, ⑤ abhidharma)라는 방대한 논서(論書)가 저술되었다는 점이다.

부파불교가 출가자 중심으로 이론적인 연구에 치우쳐 있을 때, 붓다의 참뜻으로 돌아가자는 개혁운동이 일어났다. 기원 전후로 혁신적인 불교인들 사이에 퍼져 나간 이 새로운 불교를 대승불교라고 한다.

대승불교는 깨달음보다는 중생의 구제를 중시한다. 대승에 여러 경전이 있고 여러 사상의 흐름이 있지만 중생의 구제가 앞서야 한다는 데는 예외가 없다. 그들이 대승이라 일컫는 이유도 여기에 있다. 대승(大乘)이란 마하야나(⑤ mahā-yāna)의 번역으로, '큰 수레'라는 뜻이다. 그들의 주장은 큰 수레이고, 광대한 가르침이라는 것이다. 대승불교에서는 보디삿트와(⑤ bodhi-sattva)라는 불교인의 새로운 이상이 생겨났다. 이것을 음사하여 보리살타(菩提薩埵)라 하고, 줄여서 보살(菩薩)이라 한다.

본디 보살이라는 말은 단순히 '수행자'라는 뜻이었다. 그런데 대승불교인들은 이 말에 새로운 뜻을 부여해 불교인의 이상으로 내세웠다. 보살은 위로는 깨달음을 구하는 자리행(自利行)과 아래로는 중생을 구제하는 이타행(利他行)을 추구하지만 중생의 구제가 우선이다. 이 보살사상은 거의 모든 대승 경전에 나타나는데, 그중 가장 대표적인 것이 『법화경』이다. 초기의 대승 경전들은 불탑의 숭배를 설하고, 불상 앞에서 참회하고 예배하길 권하며, 경전 자체의 공덕을 찬양하기도 한다.

대승 불교 운동이 활발하게 전개됨에 따라 많은 대승 경전들이 성립되었고, 그 주제는 반야 – 공 – 유식 – 여래장 – 정토로 전개되었다.

청정한 세계를 보는 눈

관무량수경

觀無量壽經

◎

1권 │ 유송(劉宋)의 강량야사(畺良耶舍)가 번역했고, 『무량수경(無量壽經)』·『아미타경(阿彌陀經)』과 함께 '정토3부경(淨土三部經)'이라 한다. 세존이 위제희(韋提希)에게 극락정토에 태어나기 위해 닦아야 하는 여러 가지 수행법을 설한 경이다.

마가다국의 태자 아사세(阿闍世)가 왕위를 빼앗기 위해 아버지 빔비사라 왕을 옥에 가두었다. 이에 왕비 위제희가 세존에게 근심과 번뇌가 없는 청정한 세계를 보여 달라고 하자, 세존이 시방 세계의 정토를 펼쳐 보였다. 그녀는 그중 극락에 태어나기를 바라고 그 방법을 가르쳐 달라고 했다. 그러자 세존이 세 가지 복과 13관(觀)과 9품왕생을 설했다.

극락에 태어나기 위한 세 가지 복

그때 세존께서 위제희에게 말씀하셨다.

"저 국토에 태어나려는 이는 세 가지 복을 닦아야 한다. 하나는 부모에게 효도하고, 스승과 어른을 받들어 모시고, 자비로운 마음으로 살아 있는 목숨을 죽이지 않고, 10선업(善業)을 닦는 것이다. 둘은 3보(寶)에 귀의하고, 여러 가지 계율을 지키고, 규율에 맞는 몸가짐을 지니는 것이다. 셋은 깨달으려는 마음을 내어 인과(因果)를 깊이 믿고, 대승 경전을 독송하고, 수행자에게 정진하기를 권하는 것이다. 이 세 가지를 청정한 업이라 한다."

10선업(善業)은 몸과 말과 뜻으로 짓는 열 가지 청정한 일로, 5계(戒) 중에서 불음주(不飮酒)를 제외한 네 가지에 여섯 가지의 새로운 조목을 첨가한 것이다.

① 불살생(不殺生) ㅣ 살아 있는 것을 죽이지 않는다.
② 불투도(不偸盜) ㅣ 훔치지 않는다.
③ 불사음(不邪婬) ㅣ 음란한 짓을 저지르지 않는다.
④ 불망어(不妄語) ㅣ 거짓말하지 않는다.
⑤ 불악구(不惡口) ㅣ 남을 괴롭히는 나쁜 말을 하지 않는다.
⑥ 불양설(不兩舌) ㅣ 이간질하지 않는다.
⑦ 불기어(不綺語) ㅣ 교묘하게 꾸미는 말을 하지 않는다.

⑧ 불탐욕(不貪欲) ⏐ 탐욕을 부리지 않는다.

⑨ 부진에(不瞋恚) ⏐ 화내지 않는다.

⑩ 불사견(不邪見) ⏐ 그릇된 견해를 일으키지 않는다.

극락왕생을 위한 열세 가지 수행

13관(觀)은 극락정토에 태어나기 위해 무량수불과 그 정토의 열세 가지 정경을 떠올리는 수행이다.

① 일상관(日想觀) ⏐ 지는 해를 보고 서쪽에 있는 극락을 생각하는 수행.

② 수상관(水想觀) ⏐ 물과 얼음의 투명함을 보고 유리를 떠올리고, 유리로 되어 있는 극락의 대지를 생각하는 수행.

③ 지상관(地想觀) ⏐ 삼매에 들어 유리로 되어 있는 극락의 대지를 명료하게 생각하는 수행.

④ 수상관(樹想觀) ⏐ 보배로 되어 있는 극락의 나무를 생각하는 수행.

⑤ 8공덕수상관(八功德水想觀) ⏐ 극락에는 여덟 개의 연못이 있는데, 여덟 가지 공덕이 있는 그 연못의 물을 생각하는 수행.

⑥ 총상관(總想觀) ⏐ 극락에 보배로 되어 있는 500억 개의 누각과 보배로 되어 있는 대지와 나무와 연못을 동시에 생

각하는 수행.

⑦ 화좌상관(華座想觀) ｜ 무량수불이 앉아 있는 연꽃 자리를 생각하는 수행.

⑧ 상상관(像想觀) ｜ 불상을 보고 무량수불의 모습을 생각하는 수행.

⑨ 변관일체색신상관(遍觀一切色身想觀) ｜ 무량수불의 모습을 생각하면서 모든 부처의 모습을 생각하는 수행.

⑩ 관세음상관(觀世音想觀) ｜ 무량수불을 보좌하는 관세음보살을 생각하는 수행.

⑪ 대세지상관(大勢至想觀) ｜ 무량수불을 보좌하는 대세지보살을 생각하는 수행.

⑫ 보상관(普想觀) ｜ 자신이 극락에 태어나 연꽃 속에 앉아 있고, 부처와 보살이 허공에 두루 가득하다고 생각하는 수행.

⑬ 잡상관(雜想觀) ｜ 극락에는 1장(丈) 6척(尺) 되는 불상이 연못 위에 있다고 생각하고, 아미타불이 신통력으로 큰 몸이나 작은 몸으로 나타나는데, 그 몸은 모두 금색이라고 생각하는 수행.

극락에 태어나는 자들의 아홉 가지 등급

9품왕생은 극락에 태어나는 자들의 수준에 따라 상품(上品)·중품(中品)·하품(下品)으로 나누고, 다시 각각 상생(上生)·중생(中生)·하생(下生)으로 나눈 것이다.

① 상품상생(上品上生) ｜ 지극히 정성스런 마음과 깊은 마음과 자신의 공덕을 회향하여 정토에 태어나려는 마음을 갖추고, 자비심으로 살생하지 않고, 대승 경전을 독송하고, 6념(念)을 수행한 공덕으로 정토에 태어나는 자.

② 상품중생(上品中生) ｜ 대승의 이치를 잘 알고, 최고의 진리를 듣고는 의심하지 않고, 인과(因果)를 깊이 믿고 대승을 비방하지 않은 공덕으로 정토에 태어나는 자.

③ 상품하생(上品下生) ｜ 인과를 믿고 대승을 비방하지 않으며, 최상의 깨달음에 이르려는 마음을 일으킨 공덕으로 정토에 태어나는 자.

④ 중품상생(中品上生) ｜ 5계(戒)와 8재계(齋戒)를 지키고 5역죄(逆罪)를 짓지 않은 청정한 행위로 정토에 태어나는 자.

⑤ 중품중생(中品中生) ｜ 8재계와 사미계(沙彌戒)와 구족계(具足戒)를 지킨 공덕으로 정토에 태어나는 자.

⑥ 중품하생(中品下生) ｜ 부모에게 효도하고 자비를 베푼 공덕으로, 임종 때 아미타불의 48원(願)을 듣고 정토에 태어나는 자.

⑦ 하품상생(下品上生) ｜ 갖가지 악한 짓을 저지르고도 뉘우치지 않았으나 임종 때 합장하고 아미타불을 부른 공덕으로 정토에 태어나는 자.

⑧ 하품중생(下品中生) ┃ 5계와 8재계와 구족계를 범하고 승단의 물건을 훔쳤으나 임종 때 아미타불의 위대한 덕을 들은 인연으로 정토에 태어나는 자.

⑨ 하품하생(下品下生) ┃ 5역죄와 10악을 저질렀으나 임종 때 지극한 마음으로 아미타불을 열 번 부른 공덕으로 정토에 태어나는 자.

위의 내용에서 6념(念)은 항상 마음속에 간직하여 잊지 않는 불·법·승과 계율·보시·천상(天上)을 말한다. 8재계(齋戒)는 재가의 신도가 6재일(齋日), 즉 매월 음력 8·14·15·23·29·30일에 하루 낮 하룻밤 동안 지키는 의식으로 다음과 같다.

① 이살생(離殺生) ┃ 살아 있는 것을 죽이지 않는다.

② 이불여취(離不與取) ┃ 주지 않는 것을 가지지 않는다.

③ 이비범행(離非梵行) ┃ 청정하지 않은 행위를 하지 않는다.

④ 이허광어(離虛誑語) ┃ 헛된 말을 하지 않는다.

⑤ 이음제주(離飲諸酒) ┃ 술을 마시지 않는다.

⑥ 이면좌고광엄려상좌(離眠坐高廣嚴麗牀座) ┃ 높고 넓고 화려한 평상에 앉지 않는다.

⑦ 이도식향만이무가관청(離塗飾香鬘離舞歌觀聽) ┃ 향유(香油)를 바르거나 머리를 꾸미지 않고, 춤추고 노래하는 것을 보지도 듣지도 않는다.

⑧ 이식비시식(離食非時食) ㅣ 때가 아니면 음식물을 먹지 않는다. 곧 정오가 지나면 먹지 않는다.

그때 아난이 자리에서 일어나 부처님께 여쭈었다.
"세존이시여, 이 경의 이름을 무엇이라 해야 하고, 이 가르침의 요점을 어떻게 지녀야 합니까?"
부처님이 아난에게 말씀하셨다.
"이 경의 이름은 극락국토의 무량수불과 관세음보살과 대세지보살을 관찰하는 경이라 하고, 또 업장을 깨끗이 없애고 부처님 앞에 태어나는 경이라 하라. 너는 이것을 잘 지녀 잊지 않도록 해라. 이 삼매를 닦는 사람은 현재의 몸으로 무량수불과 두 보살을 뵐 수 있다. 선남자 선여인이 부처님의 이름과 두 보살의 이름만 들어도 한량없는 겁 동안 생사를 헤매야 할 죄가 없어지는데, 하물며 기억하는 데 있어서랴. 부처님을 생각하는 사람은 바로 사람들 가운데 흰 연꽃임을 알아야 한다. 관세음보살과 대세지보살은 그의 좋은 친구가 되고, 수행하는 자리에 앉아 극락에 태어날 것이다. 너는 이 말을 잘 지녀라. 이 말을 지니는 것은 곧 무량수불의 이름을 지니는 것이다."

대자대비한 중생의 어머니

觀音經

관음경

◎

1권 ┃ 『법화경』의 「관세음보살보문품(觀世音菩薩普門品)」을 따로 분리해서 간행한 것으로, 관음신앙의 가장 대표적인 경전이다. 관세음보살에 의지하면 그 보살은 여러 가지 모습으로 나타나 대자대비와 불가사의한 힘으로 모든 중생의 고통과 재난과 두려움을 없애준다고 설한다.

왜 관세음보살이라 하는가

그때 무진의(無盡意)보살이 자리에서 일어나 오른쪽 어깨를 드러내고 부처님을 향해 합장하고 여쭈었다.

"세존이시여, 관세음보살은 무슨 까닭으로 관세음이라 합니까?"

부처님이 무진의보살에게 말씀하셨다.

"선남자야, 온갖 고통을 받고 있는 한량없는 백천만억 중생들이 관세음보살의 이름을 듣고 한마음으로 그 이름을 부르면, 관세음보살이 곧 그 음성을 알아듣고 모두 고통에서 벗어나게 한다."

관세음보살의 불가사의한 힘

"어떤 중생에게 음욕이 많다 해도 늘 관세음보살을 생각하고 공경하면 음욕을 떠나게 되고, 분노가 많다 해도 늘 관세음보살을 생각하고 공경하면 분노를 떠나게 되고, 어리석음이 많다 해도 늘 관세음보살을 생각하고 공경하면 어리석음을 떠나게 된다.

무진의야, 관세음보살에게는 이러한 크고 불가사의한 힘이 있어 이롭게 하는 게 많으니, 중생들은 늘 마음으로 그를 생각해야 한다."

관세음보살에게 예배하고 공양한 복덕

"어떤 여인이 아들을 얻기 위해 관세음보살에게 예배하고 공양하면 복덕과 지혜를 갖춘 아들을 낳을 것이고, 딸을 원하면 단정하고 예쁜 딸을 낳을 것이다. 그 아들과 딸은 과거세에 청정한 공덕을 쌓았기 때문에 사람들로부터 사랑과 존경을 받을 것이다.

무진의야, 관세음보살에게 예배하고 공양하면 그 복이 헛되지 않을 것이다. 그러니 중생들은 모두 관세음보살의 이름을 받아 지녀야 한다. 무진의야, 만약 어떤 사람이 62억 갠지스 강의 모래알만큼 많은 보살들의 이름을 받아 지니면서 목숨이 다하도록 음식과 옷과 침구와 약품 등을 보시한다면, 네 생각은 어떠하냐? 이 선남자 선여인은 공덕이 많겠느냐?"

무진의보살이 대답했다.

"매우 많습니다, 세존이시여."

세존께서 말씀하셨다.

"만약 또 어떤 사람이 관세음보살의 이름을 받아 지니고서 한때만이라도 예배하고 공양한다면, 이 두 사람의 복은 똑같고, 백천만억 겁이 지나도 다하지 않을 것이다. 무진의야, 관세음보살의 이름을 받아 지니면 이와 같이 한량없고 가없는 복덕의 이익을 얻게 된다."

중생을 두려움에서 구해주는 이

무진의보살이 부처님께 여쭈었다.

"세존이시여, 관세음보살은 이 사바세계에서 어떻게 지내고, 중생들에게 어떻게 설법하며, 또 방편의 힘은 어떻습니까?"

부처님이 무진의보살에게 말씀하셨다.

"선남자야, 어떤 국토의 중생 가운데 부처님의 몸으로 제도할 이에게는 관세음보살이 부처님의 몸으로 나타나 설법하고, 벽지불(辟支佛)의 몸으로 제도할 이에게는 벽지불의 몸으로 나타나 설법하고, 성문(聲聞)의 몸으로 제도할 이에게는 성문의 몸으로 나타나 설법한다. (…)

무진의야, 관세음보살은 이러한 공덕을 성취하여 갖가지 모습으로 여러 국토를 다니면서 중생을 번뇌의 속박에서 벗어나게 한다. 그러므로 너희들은 관세음보살을 한마음으로 공양해야 한다. 관세음보살마하살은 두렵고 위급한 재앙에 처한 이를 두려움에서 구해주기 때문에 이 사바세계에서는 모두 그를 '두려움에서 구해주는 이'라고 한다." (…)

그때 무진의보살이 게송으로 말했다.

중생이 곤란과 재앙을 당해
한량없는 고통에 시달릴 때
관세음의 묘한 지혜의 힘이
세간의 고통에서 구해주네.

신통력 다 갖추고
지혜의 방편을 널리 닦았기에
시방의 국토 어디서나
그 몸 나타내
지옥·아귀·축생 등과
생로병사의 고통을
점점 소멸시키네. (…)

관세음의 묘한 음성은
범천의 음성 같고
파도 소리 같아
세간에서 뛰어난 소리이니
늘 관세음 생각하되
잠시라도 의심하지 마라.

청정하고 성스러운 관세음은
고뇌와 죽음의 재앙 속에서
믿고 의지할 데이고
온갖 공덕 갖추어
자비로운 눈으로 중생을 보는
한량없는 복덕 바다이니
머리 숙여 예배합니다.

대승불교 사상의 정수

金剛經

금강경

◎

여섯 가지 한역이 있으며, 그중 구마라집의 번역이 널리 읽히고 있다.

① 『금강반야바라밀경(金剛般若波羅密經)』. 1권.

요진(姚秦)의 구마라집(鳩摩羅什, 344-413) 번역.

② 『금강반야바라밀경(金剛般若波羅密經)』. 1권.

북위(北魏)의 보리류지(菩提流支, ?-727) 번역.

③ 『금강반야바라밀경(金剛般若波羅密經)』. 1권.

진(陳)의 진제(眞諦, 499-569) 번역.

④ 『금강능단반야바라밀경(金剛能斷般若波羅密經)』. 1권.

수(隋)의 급다(笈多, ?-619) 번역.

⑤ 『대반야바라밀다경(大般若波羅蜜多經)』 600권 중 제577권의

「능단금강분(能斷金剛分)」. 당(唐)의 현장(玄奘, 602-664) 번역.

⑥ 『능단금강반야바라밀다경(能斷金剛般若波羅蜜多經)』. 1권.

당(唐)의 의정(義淨, 635-713) 번역.

『금강경』은 40여 종의 반야부(般若部) 경전 가운데 하나이다. 반야부 경전들은 기원 전후에 성립되기 시작하여 4세기경에 지금의 체계를 갖추게 되었는데, 『금강경』은 방대한 반야부 경전들이 성립되는 초기에 반야부의 핵심을 간략하게 정리한 것으로 짐작된다.

이 경이 성립될 무렵의 인도 불교계는 부처님의 가르침에 대한 지나친 분석과 복잡하고 추상적인 이론을 전개했고, 또 탑에 대한 신앙과 재물의 보시와 그 공덕을 높이 평가했던 것 같다. 이처럼 불교계가 부처님의 근본 가르침에서 멀어져 가고 있을 때, 부처님의 참뜻으로 돌아가고자 하는 개혁적인 의도에서 『금강경』을 엮은 것으로 보인다.

『금강경』의 산스크리트 제목은 『vajracchedikā-prajñāpāramitā-sūtra』이다. 바즈라(vajra)는 '벼락'·'번개'·'금강석'이라는 뜻이고, 츠체디카(cchedikā)는 '자르는 것'·'부수는 것'이라는 뜻이다. 즉 '(일체의 고착 관념을) 벼락처럼 부순다.', '금강석처럼 자른다.'는 의미이다. 구마라집은 츠체디카를 생략하여 '금강(金剛)'이라 번역했고, 현장은 '능단금강(能斷金剛)'이라 번역했다. 프라즈냐파라미타(prajñāpāramitā)는 반야바라밀(般若波羅蜜)이라 음사하는데 '지혜의 완성'이라는 뜻이고, 수트라(sūtra)는 '경(經)'이라는 뜻이다. 원래 바즈라는 천둥신 인드라(indra)의 무기이다. 또 금강저(金剛杵)를 가리키기도 하는데, 그것은 부처의 지혜를 상징한다.

『금강경』은 수보리가 묻고 세존이 대답하는 형식으로 전개되는데, 수보리의 첫 질문은 "아뇩다라삼먁삼보리(阿耨多羅三藐三菩提)를 구하려는 마음을 낸 선남자 선여인은 어떻게 살아야 하고 어떻게 그 마음을 다스려야 합니까?"이다. 이 질문에 대한 세존의 답은 "자아라는 생각, 인간이라는 생각, 중생이라는 생각, 목숨이라는 생각을 갖지 말라."이다. 왜냐하면 그런 생각이나 관념이 집착으로 이어지고 견해로 굳어져, 그것으로 말미암아 아만과 탐욕과 증오심이 일어나기 때문이다. 따라서 '자아라는 생각'이 중생의 첫 번째 에고이다.

어디에도 얽매이지 않는 마음

그때 대중 가운데 있던 장로 수보리가 자리에서 일어나 오른쪽 어깨를 드러내고 오른쪽 무릎을 땅에 대고 합장하여 공경하는 자세로 부처님께 여쭈었다.

"참으로 귀하신 세존이시여. 여래께서는 모든 보살을 잘 보호하고 염려해 주시며, 모든 보살에게 잘 당부하십니다. 세존이시여, 아뇩다라삼먁삼보리를 구하려는 마음을 낸 선남자 선여인은 어떻게 살아야 하고, 어떻게 그 마음을 다스려야 합니까?"

부처님께서 말씀하셨다.

"좋고 좋구나. 수보리야, 네가 말한 대로 여래는 모든 보살을 잘 보호하고 염려하며, 모든 보살에게 잘 당부한다. 너는 이제 잘 들어라. 너를 위해 설하겠다. 아뇩다라삼먁삼보리를 구하려는 마음을 낸 선남자 선여인은 이렇게 살아야 하고, 이렇게 그 마음을 다스려야 한다."

"예, 세존이시여." 하며 흔쾌히 듣고자 했다.

– 제2 「선현기청분(善現起請分)」

부처님께서 수보리에게 말씀하셨다.

"모든 보살마하살은 이렇게 마음을 다스려야 한다. '알에서 깨어난 거나 어미 뱃속에서 태어난 거나, 습한 데서 생긴 거나 스스로 생긴 거나, 형상이 있는 거나 형상이 없는 거나, 생각이 있는 거나 생각이 없는 거나, 생각이 있는 것도 아니고

생각이 없는 것도 아닌 온갖 부류의 중생을 내가 다 무여열
반(無餘涅槃)에 들게 해서 멸도(滅度)에 이르게 하겠다. 그러나
이렇게 한량없고 셀 수 없고 끝없는 중생을 멸도에 이르게
했어도 실은 멸도에 이른 중생은 없다.'
왜 그런가? 수보리야, 보살에게 자아라는 생각, 인간이라는
생각, 중생이라는 생각, 목숨이라는 생각이 있으면 보살이 아
니기 때문이다.

– 제3 「대승정종분(大乘正宗分)」

아뇩다라삼먁삼보리(阿耨多羅三藐三菩提)는 ⑤ anuttarā-samyak-
saṃbodhi의 음사이다. 아눗타라(anuttarā)는 '가장 뛰어나고', 삼약
(samyak)은 '바르고', 삼보디(saṃbodhi)는 '원만한 깨달음'을 뜻한다.
따라서 무상정등각(無上正等覺)이라 번역한다. 그런데 아뇩다라삼
먁삼보리는 언어가 미치지 못하고 생각이 끊어진 무분별의 상태
이므로 인식할 수도 없고, 설명할 수도 없다. 왜냐하면 2분법의
언어로써는 2분법이 아닌 아뇩다라삼먁삼보리에 결코 미치지 못
하기 때문이다. 그래서 2분법의 생각을 떠나 어디에도 얽매이지
않고 마음을 내야 한다고 했다.

"수보리야, 보살은 모든 생각을 떠나서 아뇩다라삼먁삼보리를
구하려는 마음을 내야 한다. 형상에 얽매이지 않고 마음을 내
야 하고, 소리·향기·맛·감촉·의식 내용에 얽매이지 않고 마음

을 내야 한다. 어디에도 얽매이지 않고 마음을 내야 한다."

– 제14 「이상적멸분(離相寂滅分)」

성자와 중생의 서로 다른 분별

수보리가 부처님께 여쭈었다.

"세존이시여, 이런 말씀을 듣고서 참되다는 믿음을 낼 중생이 혹 있겠습니까?"

부처님께 수보리에게 말씀하셨다.

"그런 말 하지 마라. 여래가 입멸한 후 500년 뒤에도 계(戒)를 지키고 복을 짓는 자가 있어, 이 말에 신심을 내고 이것을 참되다고 여길 것이다. 이 사람은 한 부처나 두 부처, 셋·넷·다섯 부처의 처소에서만 선근(善根)을 심은 게 아니라 이미 한량없이 많은 부처의 처소에서 온갖 선근을 심었기 때문에 이 말을 듣는 즉시 한마음으로 청정한 믿음을 낼 것임을 알아야 한다. 수보리야, 여래는 이 중생들이 한량없는 복덕을 받을 줄 다 알고 다 본다. 왜 그런가? 이 중생들에게는 자아라는 생각, 인간이라는 생각, 중생이라는 생각, 목숨이라는 생각이 없고, 진리라는 생각도 없고 진리가 아니라는 생각도 없기 때문이다. 왜냐하면 중생들이 마음에 생각을 갖게 되면, 자아와 인간과 중생과 목숨에 집착하는 것이 되기 때문이다. 왜 그런가? 진리라는 생각을 갖더라도 자아와 인간과 중생과 목숨에 집착하는 것이 되고, 진리가 아니라는 생각을 갖더라도 자아와 인간과 중생과 목숨에 집착하는 것이 되기 때문이다.

그러므로 진리에 집착해서도 안 되고, 진리가 아닌 것에 집착해서도 안 된다. 이런 뜻에서 여래(如來)가 항상 '너희들 비구는 내 설법이 뗏목 같은 줄 아는 자들이니, 진리도 버려야 하거늘 하물며 진리가 아닌 것이랴.' 하였다.

— 제6 「정신희유분(正信希有分)」

생각이 일어나니 온갖 분별과 차별과 개념이 생기고, 중생은 그것들을 고정된 실체로 여겨 얽매이고 집착하지만, 그것은 생각이 일으킨 허구에 불과하다는 가르침이다. 그래서 중생이 일으킨 차별은 허구여서 집착의 대상이 되어서는 안 되지만, 여래가 일으킨 차별도 뗏목에 불과하므로 거기에 집착하지 말라고 했다. 왜냐하면 여래는 무분별의 경지에서 가르침을 펴기 위해 어쩔 수 없이 언어를 빌려서 차별을 일으켰기 때문이다.

"수보리야, 어떻게 생각하느냐? 여래가 아뇩다라삼먁삼보리를 얻었느냐? 여래가 설한 진리가 있느냐?"

수보리가 말했다.

"제가 부처님께서 설하신 뜻을 이해하기로는 아뇩다라삼먁삼보리라고 할 일정한 진리가 없고, 또 여래께서 설하신 일정한 진리도 없습니다. 왜냐하면 여래께서 설하신 것은 모두 인식할 수도 없고, 설명할 수도 없고, 진리도 아니고, 진리가 아닌 것도 아니기 때문입니다. 왜 그런가 하면 모든 성자들은 다 무위(無爲)의 상태에서 차별을 두기 때문입니다."

– 제7 「무득무설분(無得無說分)」

『금강경』은 '모든 성자들은 다 무위의 상태에서 차별을 둔다[一切賢聖 皆以無爲法 而有差別].'는 법문을 중심축으로 해서 전개된다. 이 법문은, 성자들은 온갖 분별과 차별과 망상과 집착이 끊어진 무위(無爲)의 경지에 이른 후에 가르침을 펴기 위해 분별하고 차별한다는 뜻이다. 달리 말하면 성자들의 분별은 중생이 번뇌와 망상으로 일으키는 분별, 즉 유위(有爲)가 아니라는 말이다.

지혜의 완성이란 집착의 소멸이다

"수보리야, 어떻게 생각하느냐? 보살이 불국토를 장엄하느냐?"
"아닙니다, 세존이시여. 왜냐하면 불국토를 장엄한다는 것은 장엄이 아니기 때문입니다. 그래서 장엄이라 하셨습니다."
"그러므로 수보리야, 모든 보살마하살은 이렇게 청정한 마음을 내야 한다. 형상에 얽매이지 않고 마음을 내야 하고, 소리·향기·맛·감촉·의식 내용에 얽매이지 않고 마음을 내야 한다. 어디에도 얽매이지 않고 그 마음을 내야 한다."

– 제10 「장엄정토분(莊嚴淨土分)」

"수보리야, 어떻게 생각하느냐? 삼천대천세계에 있는 티끌이 많다고 하겠느냐?"

수보리가 말했다.

"매우 많습니다, 세존이시여."

"수보리야, 모든 티끌은 티끌이 아니라고 여래가 설했기 때문에 티끌이라 하고, 여래가 말한 세계도 세계가 아니기 때문에 세계라고 한다. 수보리야, 어떻게 생각하느냐? 32상(相)으로 여래를 볼 수 있느냐?"

"아닙니다, 세존이시여. 32상으로 여래를 볼 수 없습니다. 왜냐하면 여래께서 말씀하신 32상은 32상이 아니기 때문입니다. 그래서 32상이라 하셨습니다."

– 제13 「여법수지분(如法受持分)」

『금강경』에서 "여래가 말한 X는 X가 아니라고 여래가 설했다. 그래서 여래가 X라고 말한다."는 여러 차례 반복되는데, 첫 번째 X(장엄)와 세 번째 X(장엄)는 무분별의 상태에서 가르침을 펴기 위해 여래가 일으킨 분별이고, 두 번째 X(장엄)는 중생이 번뇌와 망상과 집착으로 일으킨 분별이다.

같은 말이지만 중생의 말은 '분별의 X'이고, 여래의 말은 '무분별의 X'이다. 즉 여래는 무분별의 바다에서 분별의 파도를 말하지만, 중생은 분별의 파도에서 분별의 파도를 말하는 것이다. 예를 들어 부처님께서 "집착하지 마라."고 할 때는 그야말로 집착이 끊어진 상태에서 한 말이지만 중생이 "집착하지 마라."고 하면, 그것은 집착하는 상태에서 한 말이다. 똑같은 말이지만 하늘과 땅 차이이다.

중생은 '마음을 비운다.'는 생각이 마음속에 가득하고, '집착하지 않는다.'는 말을 애지중지하고, '생각을 버린다.'는 말을 소중히 간직하지만, 성자는 그야말로 마음이 빈 상태여서 집착할 것도 없고 생각을 저장하지도 않고 거기에 얽매이지도 않는다. '어디에도 얽매이지 않고 그 마음을 내야 한다[應無所住 而生其心].'는 말은, 예를 들면 남에게 베풀되 베푼다는 생각을 하지 말라는 뜻이다. 왜냐하면 베푼다는 생각을 하게 되면 베푸는 '나'가 있어 '자아라는 생각'이 일어나고, 베푼 흔적을 남기려는 생각이 일어나기 때문이다.

> "수보리야, 보살은 대상에 얽매이지 않고 보시해야 한다. 형상에 얽매이지 않고 보시해야 하고, 소리·향기·맛·감촉·의식 내용에 얽매이지 않고 보시해야 한다. 수보리야, 보살은 이렇게 생각에 얽매이지 않고 보시해야 한다. 왜 그리해야 하는가? 보살이 생각에 얽매이지 않고 보시한다면, 그 복덕을 헤아릴 수 없기 때문이다."
>
> - 제4 「묘행무주분(妙行無住分)」

"수보리야, 어떤 사람이 한량없는 아승기(阿僧祇) 세계에 7보

(寶)를 가득 채워 보시하더라도, 보살의 마음을 낸 어떤 선남자 선여인이 이 경에서 네 구절만이라도 받아 지녀서 읽고 외우고 남에게 가르쳐 준다면, 그 복이 저 복보다 훨씬 낫다. 어떻게 남에게 가르쳐 주느냐? 가르쳐 주되 가르쳐 준다는 생각을 갖지 말고, 한결같아 흔들리지 않아야 한다. 왜냐하면 모든 유위법(有爲法)은 꿈 같고, 허깨비 같고, 물거품 같고, 그림자 같고, 이슬 같고, 번개 같기 때문이니 이렇게 관찰해야 한다."

– 제32 「응화비진분(應化非眞分)」

『금강경』의 핵심은 반야바라밀(般若波羅蜜), 즉 지혜의 완성이다. 지혜의 완성이란 고착 관념이 소멸되어 어디에도 얽매이지 않고 집착하지 않는 상태이다. 불교의 지혜는 '집착하지 않음'이다. 중생의 가장 끈질긴 집착은 '내 몸, 내 것, 내 생각'이다. 거기에 집착하는 한 지혜도 없고 자비도 없고 열반도 없다.

대립을 떠난 무분별의 깨달음

楞伽經 능가경

◎

세 가지 한역이 있다.

① 『능가아발다라보경(楞伽阿跋多羅寶經)』. 4권.

　유송(劉宋)의 구나발타라(求那跋陀羅, 394-468) 번역.

② 『입능가경(入楞伽經)』. 10권.

　북위(北魏)의 보리류지(菩提流支, ?-727) 번역.

③ 『대승입능가경(大乘入楞伽經)』. 7권.

　당(唐)의 실차난타(實叉難陀, 652-710) 번역.

위의 세 번역에 대해 당(唐)의 법장(法藏, 643-712)은 『입능가심현의(入楞伽心玄義)』에서 '4권의 문장은 조리가 다하지 않고 말은 천축(天竺, 인도)을 따르지 않아 이해하기 어렵고, 10권은 문장이 약간 갖추어졌다고 하나 뜻이 완전히 드러나 있지 않고, 글자를 더하여 문장을 혼동했다.'고 평하고, 7권에 대해서는 '다섯 가지 원본을 상세히 검토하고 앞의 두 한역본을 참고하여 그 잘못을 바로 잡았으니, 이 우수한 작업은 그 본래의 뜻을 다하였다.'고 서술했다.

이 경은 능가산에서 대혜(大慧)와 세존이 질문하고 응답하는 형식을 취하고 있는데, 일관된 사상의 전개가 아니라 대승의 여러 가르침의 요지를 두루 모은 듯하여 경 전체의 흐름이 불연속적이다. 그러나 기본 취지는 세존께서 한 자(字)도 설하지 않았으니, 문자에 집착하지 말고 유심(唯心)을 체득하여 자내증(自內證)하라는 가르침이다. 자내증이란 자신이 직접 체득한 내면의 깨달음으로, 언어로 표현할 수 없는 직접 체험 그 자체이다.

언어는 깨달음을 가리키는 손가락

부처님께서 말씀하셨다.

"대혜야, 나와 모든 부처님께서 깨달은 진여와 변하지 않는 본성도 이와 같다. 그래서 처음 성불해서 열반에 이르기까지 그 중간에 한 자(字)도 설하지 않고, 이미 설하지도 않았고, 앞으로도 설하지 않는다고 말했다."

세존께서 거듭 게송으로 말씀하셨다.

어느 날 밤 정각(正覺)을 이루고
어느 날 밤 반열반(般涅槃)할 때까지
그 중간에
나는 전혀 설한 게 없다.

– 『대승입능가경』 제4권

어리석은 자는 손가락으로 달을 가리키면
달을 보지 않고 손가락만 보듯이
문자에 집착하여 분별하는 자는
나의 진실을 보지 못한다.

– 『대승입능가경』 제5권

'한 자(字)도 설하지 않았다.'는 것은 석가세존이 직접 체득한 깨달음은 언어로 표현할 수 없다는 뜻이다. 그래서 자내증은 언어와 분별을 떠나 자신이 직접 증득할 수밖에 없고, 경전의 언어는 그것을 가리키는 나침반에 불과한 것이다. 그러니까 언어는 자내 증을 가리키는 도구이지, 자내증으로 데려다주는 도구가 아니다.

어느 날 대혜가 세존에게 궁극적인 진리의 특징을 물으니, 다음과 같이 대답하셨다.

"모든 성문·연각과 보살에게는 두 가지 근본 도리가 있다. 무엇이 두 가지인가? 궁극의 진리[宗趣]와 그에 대한 가르침[言說]이다. 궁극의 진리는 스스로 체득한 것으로, 언어와 분별을 떠나 번뇌에 물들지 않은 청정한 경지에 들어가 스스로 깨달음을 찬란하게 드러낸다. 가르침은 여러 가지 설법으로 대립적 견해를 떠나 훌륭한 방편으로 중생을 이 진리 안으로 들어오게 한다."

세존께서 거듭 게송으로 설하셨다.

종취(宗趣)와 언설(言說)은
스스로 증득한 것과 그에 대한 가르침이다.
이것을 잘 알면
저 그릇된 견해에 이끌리지 않는다.
- 『대승입능가경』 제4권

종취는 언어로 표현할 수 없는 스스로 체득한 깨달음 그 자체이고, 언설은 그것을 언어로 표현한 가르침이다. 이 둘을 구별하는 사람은 혼란에 빠지지 않는다. 그러니까 언어로 표현한 가르침을 직접 체득한 깨달음으로 착각하면 끝내 미혹에서 벗어나지 못한다. 언설은 종취를 가리키는 손가락일 뿐이다.

허망한 경계를 떠나라

"무엇을 무이상(無二相)이라 하는가? 대혜야, 빛과 그림자, 깊과 짧음, 흑과 백같이 다 상대적으로 성립하고 홀로 이루어지지 못한다. 대혜야, 생사 밖에 열반이 있는 것도 아니고, 열반 밖에 생사가 있는 것도 아니어서 생사와 열반이 다른 게 아니다. 생사와 열반같이 모든 현상도 역시 그러하다. 이를 무이상이라 한다."

– 『대승입능가경』 제2권

온갖 것 마음에서 일어나고
마음에서 멸하나니
마음에서 일어나는 것 외에 다른 것 없고
마음에서 멸하는 것도 이와 같다.

중생의 분별로
허망한 모습이 보이나

오직 마음일 뿐 실은 경계 없나니
분별을 떠나면 바로 해탈.

아주 먼 과거부터
분별과 온갖 망상 쌓고
악습에 물들어
허망한 경계를 일으키네.

－『대승입능가경』 제6권

모든 2분의 경계는 어떤 대상이나 상태에 선을 그은 마음의 허망
한 분별이다. 그 분별의 한쪽은 다른 한쪽을 전제로 하고, 한쪽이
없으면 다른 한쪽도 없다. '좋다'가 없으면 '싫다'가 없고, '길다'
는 '짧다'를 전제로 하고, '나무'는 '나무 아닌 것'을 배경으로 하
고, '평등'은 '불평등'과 대립한다.

그러나 애당초 경계는 있지도 않았다. 경계를 실재하는 것으
로 착각해서 어느 한쪽에 집착하고, 다른 한쪽에 저항함으로써
괴로움과 갈등이 일어난다. 그래서 오직 마음일 뿐 실은 경계 없
으니, 그 허망한 경계를 떠나면 해탈이라 했다.

부처님이 말씀하셨다.
"대혜야, 내가 설하는 여래장은 외도가 설하는 자아와 다르
다. 대혜야, 여래·응공·정등각은 성공(性空)·실제(實際)·열반

(涅槃)·불생(不生)·무상(無相)·무원(無願) 등의 여러 말로 여래장을 설했다. 어리석은 범부들을 무아(無我)에 대한 두려움에서 벗어나게 하기 위해 분별이 없는 여래장을 설했다. 미래·현재의 모든 보살마하살은 이 여래장을 자아로 집착해서는 안 된다. (…)

대혜야, 내가 여래장을 설한 것은 자아에 집착하는 여러 외도들을 다스려서 허망한 견해를 떠나 3해탈에 들어가 속히 바르고 원만한 깨달음을 얻게 하기 위해서였다. 그러므로 모든 부처님께서 설하신 여래장은 외도가 설하는 자아와 다르다. 만약 외도의 견해를 떠나고자 하면, 무아(無我)인 여래장의 뜻을 알아야 한다."

–『대승입능가경』 제2권

수행과 신행의 길잡이

楞嚴經

능엄경

◎

10권 ｜ 본 이름은 『대불정여래밀인수증료의제보살만행수능엄경(大佛頂如來密因修證了義諸菩薩萬行首楞嚴經)』이고, 당(唐)의 반자밀제(般刺蜜帝)가 번역했다. 줄여서 『수능엄경(首楞嚴經)』이라고도 한다. 수능엄(首楞嚴)은 ⑤ śūraṃgama의 음사이고, 건행(健行)·용건(勇健)이라 번역한다. '굳세어 번뇌를 부수어 버린다.'는 뜻이다.

　이 경은 마음이 어디에 있는가에 대해 세존과 아난(阿難)의 문답으로 시작되는데 마음은 몸 안, 몸 밖, 감각기관, 어둠에 감춰진 곳, 대상과 만나는 곳, 몸의 안과 밖의 중간, 집착이 없는 곳, 그 어느 곳에도 있지 않다고 설하여 마음을 고정적으로 파악하는 관념을 깨뜨린다. 그리고 깨달음의 본성과 그 깨달음으로 나아가는 과정을 밝히고, 『능엄경』의 바탕인 여래장(如來藏)에 대해 설한다. 깨달음으로 들어가는 가장 쉬운 방법은 관음신앙이라 하고 능엄다라니(楞嚴陀羅尼)를 설한 다음 보살의 수행 단계, 중생이 수행하는 과정에서 일어나는 갖가지 번뇌에 대해 그 원인과 종류를 밝힌다.

여래장은 '여래의 씨앗을 갈무리하고 있는 곳간'이라는 뜻으로, 본래부터 중생의 마음속에 간직되어 있는 여래의 청정한 성품을 말한다. 그 내용은 '중생의 마음속에는 본래부터 여래의 청정한 성품이 갈무리되어 있지만 번뇌에 가려 드러나지 않으므로 번뇌만 제거하면 그 성품이 드러나 깨달음을 이룬다.'는 것이다. 낭떠러지에 있는 벌집의 벌떼를 제거하면 바로 석밀(石蜜)을 채취할 수 있듯이 말이다. 따라서 자신의 마음에 본래부터 여래의 청정한 성품이 내재되어 있어서 여래와 다를 바 없다는 자각을 바탕으로 한다.

"아난아, 너는 온갖 덧없는 대상이 다 허깨비 같아서, 생기지만 생긴 곳이 없고 사라지지만 사라진 곳이 없는 줄 모르는구나. 형상은 허망하지만 그 성품은 묘하게 깨어 있는 밝음 그 자체이다. 이와 같이 5음(陰)·6입(入)·12처(處)·18계(界)에 이르기까지 인연이 화합하여 허망하게 생기고 인연이 흩어져 허망하게 사라진다. 생기고 사라지고 오고 가는 현상에 본래 여래장(如來藏)이 늘 존재하는데, 너는 그것이 바로 오묘하게 밝고 부동하고 원융한 진여(眞如)의 성품인 줄 모르는구나. 성품이 참되고 늘 존재하는 가운데서 옴과 감, 미혹과 깨달음, 삶과 죽음을 찾으려 해도 찾을 수가 없다."

- 『능엄경』 제2권

"마치 어떤 사람이 자기 옷 속에 여의주(如意珠)를 지니고 있으면서도 알지 못한 채 초라한 모습으로 객지를 돌아다니면서 구걸하는 것과 같나니, 비록 가난하긴 하지만 여의주를 잃어버린 게 아니다. 어느 날 문득 지혜로운 사람이 여의주가 있다는 것을 가르쳐 주면 원하는 것을 마음대로 가져 큰 부자가 되리니, 그때서야 비로소 그 신비로운 여의주를 밖에서 얻은 것이 아님을 알게 될 것이다."

- 『능엄경』 제4권

산하대지와 시방이 마음이다

"어둡고 캄캄해 허공이 되었고, 허공과 어둠 가운데 어둠이 응결되어 물질이 되었다. 그 물질이 망상과 뒤섞여 생각과 형상을 지닌 것을 육신이라 한다. 인연이 쌓여 안에서 흔들리고, 밖으로 나가는 어둡고 어지러운 작용을 마음이라 한다. 한번 잘못 알아 마음이라 하고는, 이 마음이 육신 안에 있다고 착각해서 육신 밖의 산하·허공·대지가 모두 묘하고 참된 마음 가운데 있는 줄 알지 못한다. 비유하면 청정하고 가없이 넓은 바다를 버리고, 조그만 물거품을 바다 전체라 여겨 그것으로 광대한 바다를 다 알았다고 하는 것과 같다."

- 『능엄경』 제2권

그때 아난과 대중들이 여래의 미묘한 가르침을 듣고서 몸과 마음이 텅 비어 아무런 걸림이 없었다. 그들은 자기의 마음이 시방에 두루 있다는 것을 알아 시방의 허공을 손바닥에 있는 나뭇잎을 보는 듯했다. 세간의 온갖 것들이 다 깨달음의 오묘하고 밝은 원래의 마음이었고, 마음의 기운이 두루 원만하여 시방을 감싸 안았다. 부모가 낳은 육신을 돌이켜 보니, 저 허공에 티끌 하나가 보였다 안 보였다 하는 듯하고, 맑고 광대한 바다에 물거품 하나가 흔적 없이 일어났다가 꺼지는 듯한다는 것을 명확히 알았고, 본래의 묘한 마음은 영원하여 소멸하지 않는다는 것을 깨달았다.

- 『능엄경』 제3권

『능엄경』제7권에 대불정여래(大佛頂如來)의 깨달음과 그 공덕을 설한 439구(句)의 다라니(陀羅尼)가 나오는데, 이를 능엄주(楞嚴呪)라고 한다.

아난이 부처님의 발에 이마를 대는 예를 올리고 나서 말했다. "저는 출가한 후 부처님의 총애만 믿고 교만한 채 법문만 많이 들었을 뿐 분별이 끊어진 경지를 증득하지 못했습니다. 저는 범천의 그릇된 술수에 빠져 마음은 명료했으나 자유롭게 움직일 수 있는 힘이 없었는데, 문수보살을 만나 그 술수에서 벗어나게 되었습니다. 또 부처님의 정수리에서 나온 신비한 다라니의 도움으로 힘을 얻기는 했으나 아직 직접 듣지는 못했습니다. 바라옵건대 부처님께서는 큰 자비로 거듭 설하셔서 이 모임에 있는 수행자와 미래에 윤회하는 중생들이 부처님의 비밀스런 음성을 듣고 몸과 마음의 해탈을 얻게 하소서." (…)

"아난아, 세계의 모든 국토에 있는 중생들이 그곳에서 생산되는 자작나무 껍질이나 다라수(多羅樹) 잎이나 종이나 흰 베에 이 다라니를 써서 향기 나는 주머니에 넣어두고, 혹 어떤 사람의 마음이 혼미해서 외우지 못하더라도 몸에 지니거나 집 안에 써두는 것만으로도 그의 생이 다할 때까지 어떤 독도 해치지 못할 것이다. 아난아, 내가 너에게 지금 다시 말하나니, 이 다라니는 세간의 중생을 구호하여 어떤 두려움도 없게 하고, 중생들에게 출세간의 지혜를 얻게 할 것이다."

－『능엄경』제7권

부처님의 열반과 그 후

大般涅槃經

대반열반경

◎

『대반열반경』이라는 경 이름에 세 가지가 있다.

① 40권. 북량(北凉)의 담무참(曇無讖, 385-433)이 번역했고, 『북본열
   반경(北本涅槃經)』이라 한다. 부처님이 쿠시나가라의 사라쌍수
   아래서 열반에 들기 전에 대중에게 행한 설법으로, 열반의
   특성과 항상 존재하는 법신(法身), 일체중생실유불성(一切衆生
   悉有佛性), 일천제(一闡提)의 성불 등에 대해 설했다.

② 36권. 송(宋)의 혜엄(慧嚴)이 번역했고, 『남본열반경(南本涅槃經)』
   이라 한다. 법현(法顯)이 번역한 『대반니원경(大般泥洹經)』을 참
   조하여 『북본열반경』의 번역에서 모호하고 잘못된 부분을
   고치고 재편집한 것으로, 내용은 『북본열반경』과 같다.

③ 3권. 동진(東晉)의 법현(法顯)이 번역했다. 부처님이 80세 되던
   해 왕사성을 출발하여 입멸한 장소인 쿠시나가라에 이르기
   까지의 과정과 그곳에서의 마지막 설법, 입멸 후의 화장, 유
   골의 분배 등을 자세히 기록한 경이다.

여기서는 36권본의 내용을 발췌한다.

열반의 네 가지 특성, 상락아정(常樂我淨)

그때 부처님께서 여러 비구들에게 말씀하셨다.

"자세히 들어라. 너희들이 말한 술 취한 사람의 비유는 문자만 알고 그 뜻을 모르는 것이다. 무엇이 그 뜻인가? 그 취한 사람이 해와 달을 보고 돌지 않는데도 돈다고 하는 것과 같으니, 중생도 그러하여 번뇌와 무명에 가리어 뒤바뀐 마음을 낸다. 아(我)를 무아(無我)라 하고, 불변[常]을 무상(無常)이라 하고, 청정[淨]을 부정(不淨)이라 하고, 즐거움[樂]을 괴로움이라 한다. 이는 번뇌에 가리어 그런 생각을 내는 것이니, 마치 술 취한 사람이 돌지 않는데도 돈다고 하는 것과 같다. 아(我)는 부처를 뜻하고, 불변은 법신(法身)을 뜻하고, 즐거움은 열반(涅槃)을 뜻하고, 청정은 법(法)을 뜻한다."

– 『대반열반경』 제2권, 「애탄품(哀歎品)」

여래의 몸은 법신이다

그때 세존께서 가섭에게 말씀하셨다.

"선남자야, 여래의 몸은 항상 변하지 않는 몸이고, 파괴되지 않는 몸이고, 금강과 같은 몸이고, 잡식(雜食)하지 않는 몸이니, 곧 법신(法身)이니라."

가섭보살이 여쭈었다.

"세존이시여, 부처님께서 말씀하신 그런 몸을 저는 보지 못하

고, 다만 변하고 파괴되고 티끌 같고 잠식하는 몸만 봅니다. 왜
냐하면 지금 여래께서 열반에 드시려고 하기 때문입니다."
부처님이 가섭에게 말했다.

"가섭아, 여래의 몸이 견고하지 못해 파괴되는 범부의 몸과
같다고 말하지 마라. 선남자야, 여래의 몸은 한량없는 억겁
동안 견고하여 파괴되지 않고, 인간이나 천상의 몸이 아니고,
두려워하는 몸이 아니고, 잠식하는 몸이 아닌 줄 알아야 한
다. (…) 열반에 들 때도 열반에 들지 않나니, 여래의 법신은
한량없고 미묘한 공덕을 모두 성취하였다. 가섭아, 오직 여래
만이 이러한 특성을 알고 성문이나 연각은 알지 못한다. (…)
가섭아, 여래가 병의 고통을 나타내는 것은 중생을 굴복시키
기 위함이니라. 선남자야, 여래의 몸은 금강과 같은 몸이니,
너는 지금부터 항상 마음을 다잡아 이 이치를 사유하고, 잠식
하는 몸을 생각하지 말며, 남에게 여래의 몸은 곧 법신이라
설하라.

– 『대반열반경』 제3권, 「금강신품(金剛身品)」

부처님께서 가섭보살에게 말씀하셨다.

"사람들은 달이 보이지 않으면 달이 없어졌다고 하지만, 달의
성품이 없어진 게 아니다. 어떤 지방에 달이 나타나면 달이
떴다고 하지만 달의 성품이 생기는 게 아니다. 수미산에 가려
서 보이지 않을 뿐 달은 항상 있는 것이지 생겼다가 없어지

는 게 아니다. 여래·응공·정변지도 이와 같아서 삼천대천세계에 출현하여 염부제(閻浮提)에서 부모를 두면 중생들은 염부제에 태어났다 하고, 여래의 성품은 열반이 없는데도 염부제에서 열반을 보이면 중생들은 모두 여래가 열반에 들었다고 하는데, 이는 달이 없어졌다고 하는 것과 같다. 선남자야, 여래의 성품은 생멸이 없지만 중생을 교화하기 위해 생멸을 보인다."

– 『대반열반경』 제9권, 「월유품(月喩品)」

모든 중생에게 불성이 있다

부처님께서 말씀하셨다.

"선남자야, 아(我)란 곧 여래장(如來藏)이라는 뜻이고, 모든 중생에게 다 불성이 있다[一切衆生悉有佛性]는 것이 곧 아(我)이다. 이 아(我)가 본래부터 한량없는 번뇌에 가려 있으므로 중생은 보지 못한다. 마치 가난한 여인의 집안에 많은 순금이 묻혀 있는데도 집안 사람들이 다 모르는 것과 같다."

– 『대반열반경』 제8권, 「여래성품(如來性品)」

성불할 수 없는 자란 없다

"또 해탈은 허적(虛寂)이라 하고, 성불하지 못한다고 확정된 것은 없다. 성불하지 못한다고 확정된 자란 마치 일천제(一闡提)는 끝내 변할 수 없다거나 무거운 계율을 어긴 이는 불도(佛道)를 이루지 못한다는 것인데, 이러한 것은 있을 수 없다. 왜냐하면 어떤 사람이 부처님의 바른 가르침에 청정한 신심을 낸다면 즉시 일천제는 없어질 것이고, 또 우바새(優婆塞)가 된다면 역시 일천제는 없어질 것이고, 무거운 계율을 어긴 이도 그 죄를 소멸하면 성불할 수 있다."

– 『대반열반경』제5권, 「사상품(四相品)」

일천제(一闡提)는 ⑤ icchantika의 음사이고, 단선근(斷善根)·신불구족(信不具足)이라 번역한다. 선근(善根)이 없고, 신심을 갖추지 못한 중생을 말한다. 그러나 『대반열반경』에서는 그들도 확정된 것이 아니므로 성불할 수 있다고 설한다.

선근의 근본, 4무량심(無量心)

"선남자야, 보살의 4무량심(無量心)은 진실한 사유이다.
선남자야, 어찌하여 진실한 사유라고 하는가? 모든 번뇌를 끊어버리기 때문이다.
선남자야, 살아 있는 것들이 다 안락하기를 바라는 마음[慈心]을 닦는 자는 탐욕이 끊어진다.
살아 있는 것들이 다 고뇌에서 벗어나기를 바라는 마음[悲心]

을 닦는 자는 성냄이 끊어진다.

남이 즐거워하면 함께 기뻐하는 마음[喜心]을 닦는 자는 즐겁
지 않음이 끊어진다.

남을 평온하게 대하는 마음[捨心]을 닦는 자는 탐욕과 성냄과
중생이라는 생각이 끊어진다.

그래서 진실한 사유라고 한다.

선남자야, 보살마하살의 4무량심은 모든 선근의 근본이다."

– 『대반열반경』 제14권, 「범행품(梵行品)」

48원(願)으로 세운 불국토

無量壽經

무량수경

◎

2권 │ 여러 가지 한역본이 있는데, 위(魏)의 강승개(康僧鎧)가 번역한 『무량수경』이 널리 유통되고 있다.

무량수(無量壽)는 아미타유스(ⓢ amitāyus)의 번역이고, 음사하여 아미타(阿彌陀)라고 한다. 법장비구(法藏比丘)가 세운 48원(願)을 설하여 극락정토의 건립과 무량수불이 출현하게 된 인연을 밝힌 후 극락정토의 정경과 그곳에 있는 보살들의 뛰어난 공덕을 설한 다음, 극락에 태어나기 위해서는 보살행을 닦고 무량수불에게 귀의해야 한다고 설한다.

아득한 옛날에 국왕이 출가하여 이름을 법장(法藏)이라 하고 세자재왕불(世自在王佛) 밑에서 수행했다. 그러던 중 세자재왕불이 법장에게 210억 불국토를 보여주었는데, 법장은 자신도 불국토를 건설하기로 발심하고 세자재왕불 앞에서 중생을 구제하기 위해 마흔 여덟 가지 서원을 세웠다. 그러고는 오랜 수행 끝에 그것을 성취하여 무량수불이 되었고, 이 세계에서 서쪽으로 10만억 불국토를 지난 곳에 극락정토를 세우고 지금도 그곳에서 설법하고 있다고 한다.

48원 가운데 가장 중요한 것은 제18원과 제19원이라고 할 수 있다. 제18원은 모든 중생들이 지극한 마음으로 염불하면 반드시 정토에 태어나도록 하겠다는 서원이고, 제19원은 중생이 임종 때 지극한 마음으로 정토에 태어나려고 하면, 그를 맞이하여 정토로 인도하겠다는 서원이다.

'제가 부처가 된다고 해도, 시방의 중생들이 지극한 마음으로 믿고 원해 저의 국토에 태어나려고 아미타불을 열 번 불러도 태어나지 못한다면, 저는 깨달음을 이루지 않겠습니다. 다만 5역죄(逆罪)를 저지른 사람과 정법을 비방하는 사람은 제외하겠습니다.

제가 부처가 된다고 해도, 시방의 중생들이 깨달으려는 마음을 내어 온갖 공덕을 닦고 지극한 마음으로 발원해서 저의 국토에 태어나려 하고, 어떤 사람의 수명이 다할 때에 제가 대중에게 둘러 싸여 그 사람 앞에 나타날 수 없다면, 저는 깨달음을 이루지 않겠습니다.'

– 『무량수경』 상권

극락정토에 태어나려는 자들은 수행의 깊고 얕음에 따라 상배(上輩)·중배(中輩)·하배(下輩)로 나뉜다.

부처님이 아난에게 말씀하셨다.

"시방 세계의 여러 천신과 사람 중에서 지극한 마음으로 저 국토에 태어나려는 자들에 세 무리가 있다.

상배(上輩)는, 집과 욕심을 버리고 사문이 되어 깨달으려는 마음을 일으켜 한결같이 무량수불을 생각하고, 온갖 공덕을 닦아 저 국토에 태어나려는 자들이다. 이런 중생들은 수명이 다할 때 무량수불이 대중과 함께 그의 앞에 나타나신다. 그는 곧바로 그 부처님을 따라 저 국토에 가서 7보(寶)로 된 연꽃 속에 저절로 태어난다. (…)

중배(中輩)는, 시방 세계의 여러 천신과 사람 중에서 지극한 마음으로 저 국토에 태어나기를 원하는데, 비록 사문이 되어 큰 공덕을 닦지는 못하지만 최상의 깨달음에 이르려는 마음을 내어 한결같이 무량수불을 생각하고, 약간이라도 착한 일을 행하고, 계율을 받들어 지키고, 탑을 세우고, 불상을 조성하고, 사문에게 공양하고, 향을 사르고는 이 공덕을 회향하여 저 국토에 태어나려는 자들이다. (…)

하배(下輩)는, 시방 세계의 여러 천신과 사람 중에서 지극한 마음으로 저 국토에 태어나려고 하는데, 갖가지 공덕을 짓지는 못하지만 최상의 깨달음에 이르려는 마음을 내고, 한결같이 생각을 가다듬어 열 번만이라도 무량수불을 생각하여 저 국토에 태어나려는 자들이다. 또 깊은 가르침을 듣고 환희하면서 믿어 의혹을 일으키지 않고 한 번만이라도 무량수불을 생각하여 지극히 정성스런 마음으로 저 국토에 태어나려는 자들이다.

이런 사람들은 임종할 때 꿈에 그 부처님을 뵙고 왕생한다. 이들의 공덕과 지혜는 중배에 다음간다."

– 『무량수경』 하권

용화세계의 미래 부처님

彌勒經 미륵경

◎

미륵(彌勒)은 마이트레야(ⓢ maitreya)의 음사이고, 자씨(慈氏)라고 번역한다. 미륵은 석가모니불의 가르침을 받으면서 수행하다가 미래에 성불하리라는 예언을 받고 목숨을 마친 후 도솔천에 태어나 현재 거기서 수행 중이라는 보살이다. 그는 석가모니불이 입멸한 후 오랜 세월이 지나면 이 세상에 내려와 화림원(華林園)의 용화수(龍華樹) 아래서 성불하여 미륵불이 된다고 한다. 그래서 미래불이라 하고, 그의 정토를 용화세계(龍華世界)라고 한다.

『미륵경』에는 『미륵상생경(彌勒上生經)』과 『미륵하생경(彌勒下生經)』이 있다. 『미륵상생경』은 1권으로, 본 이름은 『관미륵보살상생도솔천경(觀彌勒菩薩上生兜率天經)』이다. 유송(劉宋)의 저거경성(沮渠京聲)이 번역했다. 세존이 미륵보살에게 12년 뒤에 목숨을 마치면 도솔천에 태어날 것이라고 예언하고, 도솔천의 정경을 묘사한 다음, 도솔천에 왕생하여 미륵보살을 만나기 위한 수행법을 설한 경이다.

　『미륵하생경』은 1권으로, 서진(西晉)의 축법호(竺法護, 239-316)가 번역했다. 도솔천에 있는 미륵보살이 미래에 이 세상에 다시 태어나 용화수 아래서 성불하여 세 번의 법회에서 설법하여 수많은 중생을 구제한다는 내용이다. 제1회에는 96억 명이 아라한의 경지에 이르고, 제2회에는 94억 명, 제3회에는 92억 명이 아라한의 경지에 이르는데, 이를 '용화삼회(龍華三會)'라고 한다.

부처님이 우바리(優波離)에게 말씀하셨다.

"자세히 듣고 잘 생각하여라. 여래(如來)·응공(應供)·정변지(正遍知)는 이제 대중들에게 미륵보살마하살이 아뇩다라삼먁삼보리를 얻을 것이라고 예언한 데 대해 설하겠다. 이 사람은 지금부터 12년 뒤에 목숨을 마치면 반드시 도솔천에 왕생할 것이다."(…)

부처님이 우바리에게 말씀하셨다.

"오로지 부처님의 모습을 생각하고, 미륵을 부르고, 잠깐 동안이라도 8재계(齋戒)를 받아 지니고, 온갖 청정한 업을 닦고, 큰 서원을 세운 사람은 목숨을 마친 뒤에는 힘센 장사가 팔을 굽혔다가 펴는 사이에 도솔천에 왕생하여 연꽃 위에 결가부좌할 것이다. 그때 백천의 천자들이 천상의 음악을 연주하고, 천상의 만타라(曼陀羅)꽃을 뿌리면서 찬탄할 것이다.

'좋고 좋구나, 선남자야. 그대가 염부제(閻浮提)에서 널리 복된 업을 닦았기 때문에 이곳에 태어났다. 여기는 도솔천이고 이곳의 성자는 미륵이시니, 그대는 그에게 귀의해야 한다.'

곧 예배하고 나서 이마의 흰 털에서 나는 광명을 자세히 살피면, 90억 겁 동안 지은 생사의 죄에서 벗어날 것이다. 그때 보살이 전생의 인연에 따라 묘한 가르침을 설하여 견고해져서 최상의 깨달음을 구하려는 마음에서 물러나지 않게 할 것이다."

– 『미륵상생경』

그때 세존이 아난에게 말씀하셨다.

"미륵보살이 도솔천에서 그의 부모가 늙지도 젊지도 않은 것을 관찰하고 곧 내려와서 오른쪽 옆구리에서 태어나는데, 이는 내가 오른쪽 옆구리에서 태어난 것과 다르지 않다. 그때 도솔천의 여러 천신들이 외치기를 '미륵보살이 이미 내려가 태어났네.'라고 할 것이다. 수범마(修梵摩)는 아들의 이름을 미륵이라 할 것이고, 미륵보살의 몸은 32상(相) 80종호(種好)로 장엄되고 황금빛이리라. 그때는 사람들의 수명이 매우 길어 아무런 걱정 없이 다 8만4천세를 누리고, 여자는 500세가 되어 시집가게 될 것이다.

미륵은 얼마 지나지 않아 출가하여 도(道)를 배우고, 시두성(翅頭城)에서 그리 멀지 않은 곳에 용화(龍華)라는 깨달음의 나무가 있는데, 높이가 1유순(由旬)이고 넓이가 500보이니라. 미륵보살이 밤중에 그 나무 아래에 앉아서 최상의 깨달음을 이루는데, 그때 삼천대천세계가 여섯 번 진동할 것이다."

– 『미륵하생경』

지혜를 완성하는 깨달음의 찬가

般若心經

반야심경

◎

1권 │ 여러 가지 한역본이 있으나 현재 널리 독송되고 있는 것은 당(唐)의 현장(玄奘, 602-664)이 번역한『반야바라밀다심경(般若波羅蜜多心經)』이다. 반야(般若)는 프라즈냐(ⓢ prajñā)의 음사로 '지혜'라는 뜻이고, 바라밀다(波羅蜜多)는 파라미타(ⓢ pāramitā)의 음사로 '완성', 심(心)은 흐리다야(ⓢ hṛdaya)의 번역으로 '심장'·'본질'·'핵심'이라는 뜻이다. 즉 '지혜의 완성에 대한 핵심을 설한 경'이라는 뜻이다.

이『반야심경』은 공(空)에 입각해서 불(不)과 무(無) 자(字)를 반복 사용하여, 온갖 분별이 끊어져 어디에도 얽매이지 않고 집착하지 않는 지혜의 완성을 설한 경이다. 즉 무분별(無分別)의 중도(中道)에서 설한 '깨달음의 찬가'이다.

공(空)의 뜻은 크게 두 가지로 나눌 수 있다. 첫째, 모든 현상은 무수한 원인과 조건들이 서로 얽히고설킨 관계 속에서 모이고 흩어지므로 서로 떼려야 뗄 수 없는 상관관계로 존재한다. 따라서 그 현상에는 독자적으로 존속하는 실체도 없고, 불변하는 고유한 본질도 없고, 고정된 경계나 틀도 없다. 둘째, 모든 현상에 대한 '좋다/나쁘다', '아름답다/추하다', '있다/없다' 등의 분별이 끊어진 무분별의 상태이다. 2분의 분별이 끊어진 무분별의 상태에서는 대상을 있는 그대로 직관하게 된다.

　분별이 끊어진 공의 지혜를 주제로 한 반야부(般若部) 경전들은 40여 종, 총 780권 정도의 방대한 분량이다. 이 경전들은 기원 전후에 성립되기 시작하여 4세기경에 지금의 체계를 갖추었는데, 그 경전들의 핵심을 간략하게 요약한 경이 『반야심경』이다.

반야심경

당(唐) 현장(玄奘) 번역

관자재보살 행심반야바라밀다시 조견오온개공 도일체고액

觀自在菩薩 行深般若波羅蜜多時 照見五蘊皆空 度一切苦厄

사리자 색불이공 공불이색 색즉시공 공즉시색 수상행식

舍利子 色不異空 空不異色 色卽是空 空卽是色 受想行識

역부여시 사리자 시제법공상 불생불멸 불구부정 부증불감

亦復如是 舍利子 是諸法空相 不生不滅 不垢不淨 不增不減

시고공중무색 무수상행식 무안이비설신의 무색성향미촉법

是故空中無色 無受想行識 無眼耳鼻舌身意 無色聲香味觸法

무안계 내지무의식계 무무명 역무무명진 내지무노사

無眼界 乃至無意識界 無無明 亦無無明盡 乃至無老死

역무노사진 무고집멸도 무지역무득 이무소득고 보리살타

亦無老死盡 無苦集滅道 無智亦無得 以無所得故 菩提薩埵

의반야바라밀다고 심무가애 무가애고 무유공포 원리전도몽상

依般若波羅蜜多故 心無罣礙 無罣礙故 無有恐怖 遠離顚倒夢想

구경열반 삼세제불 의반야바라밀다고 득아뇩다라삼먁삼보리
究竟涅槃 三世諸佛 依般若波羅蜜多故 得阿耨多羅三藐三菩提

고지반야바라밀다 시대신주 시대명주 시무상주 시무등등주
故知般若波羅蜜多 是大神咒 是大明咒 是無上咒 是無等等咒

능제일체고 진실불허고 설반야바라밀다주 즉설주왈
能除一切苦 真實不虛故 說般若波羅蜜多咒 即說咒曰

아제아제　바라아제　바라승아제 모지사바하
揭帝揭帝　般羅揭帝　般羅僧揭帝 菩提僧莎訶

우리말 반야심경

관자재보살이 깊은 반야바라밀다(般若波羅蜜多)를 행할 때, 5온
(蘊)이 모두 공(空)함을 꿰뚫어 보고 모든 괴로움에서 벗어났다.
사리자야, 색(色)이 공(空)과 다르지 않고 공이 색과 다르지 않
고, 색이 곧 공이고 공이 곧 색이다. 수(受)·상(想)·행(行)·식(識)
도 그러하다.

사리자야, 이런 것들이 공의 상태이므로 생기지도 않고 소멸하지도 않고, 더럽지도 않고 깨끗하지도 않고, 늘지도 않고 줄지도 않는다.

그러므로 공에는 색도 없고 수·상·행·식도 없고, 안(眼)·이(耳)·비(鼻)·설(舌)·신(身)·의(意)도 없고, 색(色)·성(聲)·향(香)·미(味)·촉(觸)·법(法)도 없고, 안계(眼界)도 없고 내지 의식계(意識界)도 없고, 무명(無明)도 없고 무명의 소멸도 없고 내지 노사(老死)도 없고 노사의 소멸도 없고, 고(苦)·집(集)·멸(滅)·도(道)도 없고, 지혜도 없고 성취도 없다.

성취되는 게 없어서 보리살타는 반야바라밀다에 의지하므로 마음에 걸림이 없고, 걸림이 없으므로 두려움이 없고, 잘못되고 헛된 생각을 멀리 떠나 최상의 열반에 이른다. 3세(世)의 모든 부처도 반야바라밀다에 의지하여 아뇩다라삼먁삼보리를 얻었다.

그러므로 알아야 한다. 반야바라밀다의 아주 신비한 진언(眞言), 아주 밝은 진언, 가장 뛰어난 진언, 비길 데 없는 진언은 모든 괴로움을 없애주나니 진실하여 헛되지 않다.

그래서 반야바라밀다의 진언을 설한다. 그것은 다음과 같다.

갔네, 갔네, 피안에 갔네. 피안에 완전히 갔네. 깨달음이여, 아! 기쁘구나.

이 경에서 가장 중요한 구절은 '조견오온개공(照見五蘊皆空)-ⓐ'이다. 왜냐하면 이 구절은 다음에 나오는 '도일체고액(度一切苦厄)-ⓑ'의 원인이고, 그 다음에 분별이 끊어진 상태를 나타내는 구절들이 계속 이어져 나오는 원인이 되기 때문이다.

5온(蘊)은 온갖 분별과 집착과 괴로움을 일으키는 근원이다. 조견오온개공, 즉 '5온이 모두 공(空)함을 꿰뚫어 보고'는 '온갖 분별과 집착과 괴로움을 잇달아 일으키는 5온의 작용이 끊어진 상태를 꿰뚫어 보고'라는 뜻이다. 자신의 청정한 성품을 꿰뚫어 보고 견성(見性)한다고 하듯이, 5온의 작용이 소멸된 상태를 간파하여 무분별의 상태에 이르렀다는 뜻이다. 즉 온갖 번뇌가 떨어져 나가버렸으므로 모든 괴로움에서 벗어났고, 무분별의 상태에 이르렀으므로 '색불이공 공불이색 색즉시공 공즉시색 수상행식 역부여시(色不異空 空不異色 色即是空 空即是色 受想行識 亦復如是)-ⓒ'이다.

5온이 공의 상태이므로 온갖 분별이 붕괴되어 '불생불멸 불구부정 부증불감(不生不滅 不垢不淨 不增不減)-ⓓ'일 수밖에 없고, 그러므로 공에는 5온도 없고, 5근(根)도 없고, 5경(境)도 없고, 18계(界)도 없고, 12연기(緣起)도 없고, 4제(諦)도 없다.

위의 내용을 간추리면, ⓐ하여 ⓑ했고, ⓐ이므로 ⓒ이다. ⓐ이고 ⓒ이므로 ⓓ이고, 그러므로 5온도 없고 … 4제도 없다. 그러니까 ⓐ를 시작으로 해서 온갖 분별과 집착이 허물어진 무분별의 지혜를 설했다.

'아제아제 바라아제 바라승아제 모지사바하(揭帝揭帝 般羅揭帝 般羅僧揭帝 菩提僧莎訶)'의 산스크리트는 'gate gate pāragate pārasagate bodhi svāhā'인데, 'gate'를 '가는 자여!', '갔을 때에', '갔다' 등으로 옮길 수 있다.『반야심경』은 이미 피안에 도달한 깨달음의 지혜를 설한 경이므로 완료형으로 옮겼다.

1승(乘)의 가르침을 품은 대승 경전의 꽃

法華經

법화경

◎

7권 │ 요진(姚秦)의 구마라집(鳩摩羅什, 344-413) 번역했고, 28품으로 되어 있다. 특히 제25「관세음보살보문품(觀世音菩薩普門品)」은 관음신앙의 근거로 독송되어 왔고, 분리하여 『관음경』이라 한다. 이 경은 기원 전후에 진보적이면서도 믿음이 두터운 대승의 불교도들에 의해 성립되기 시작하여 여러 차례에 걸쳐 증보되었는데, 예로부터 '대승 경전의 꽃' 또는 '모든 경전 중의 왕'이라 한다.

『법화경』은 전반부(14품까지)와 후반부(15품 이하)로 나눌 수 있는데, 전반부에서는 회삼귀일(會三歸一)을, 후반부에서는 세존의 수명이 무량함을 밝히고 있다. 회삼귀일이란 3승(乘)은 결국 1승(乘)으로 돌아간다는 가르침으로, 세존이 이 세상에 출현하여 성문(聲聞)과 연각(緣覺)과 보살(菩薩)의 3승에 대한 여러 가지 가르침을 설했지만, 그것은 결국 1승으로 이끌기 위한 방편에 지나지 않는다는 것이다.

이 경은 교리를 설하지 않는데, 그 이유는 불교를 마무리 짓기 위해 이『법화경』을 설했기 때문이다. 즉 여러 경에서 교리에 대해서는 충분히 설했기 때문에 다시 거론할 필요가 없다는 것이다. 단지 성문·연각·보살에 대한 가르침이 따로 있는 듯이 분별하므로 그것만 문제 삼아 3승은 1승으로 끌어들이기 위한 방편이라 했다.

방편과 비유의 목적

부처님이 사리불에게 말씀하셨다.

"모든 부처님은 보살을 교화할 뿐이다. 그 모든 일은 항상 부처님의 지혜를 중생들에게 보여주어 깨닫게 하기 위한 것이다.

사리불아, 부처님은 단지 1불승(佛乘)으로 중생을 위해 설할 뿐, 다른 2승(乘)이나 3승(乘)은 설하지 않는다. 시방의 모든 부처님의 가르침도 이와 같다.

사리불아, 과거의 모든 부처님도 중생을 위해 무수한 방편과 갖가지 인연과 비유와 말로 설법하셨는데, 이 모든 가르침은 1불승을 위한 것이었다. 그래서 부처님의 가르침을 들은 중생은 모두 부처님의 지혜를 얻었다.

사리불아, 미래의 모든 부처님도 중생을 위해 무수한 방편과 갖가지 인연과 비유와 말로 설법하실 것이고, 그 모든 가르침은 1불승을 위한 것이다. 그래서 부처님의 가르침을 들은 중생은 모두 부처님의 지혜를 얻을 것이다.

사리불아, 현재 시방의 헤아릴 수 없이 많은 불국토에 계시는 부처님은 중생을 이롭게 하고 안락하게 하신다. 이 부처님도 중생을 위해 무수한 방편과 갖가지 인연과 비유와 말로 설법하고 계시지만, 그 모든 가르침은 1불승을 위한 것이다. 그래서 부처님의 가르침을 듣는 중생은 모두 부처님의 지혜를 얻는다."

– 『법화경』, 「방편품(方便品)」

"이와 같이 내가 성불한 지는 아득하게 오래되었고, 수명은 한량없는 아승기겁(阿僧祇劫)이어서 영원히 멸하지 않는다. 선남자들아, 내가 옛적에 보살도를 행하여 이룬 수명은 지금도 다하지 않았고, 위에서 말한 수의 두 배가 된다. 그래서 실은 멸도(滅度)하는 일 없으나 '장차 멸도하리라.'고 하면서 여래는 방편으로 중생들을 교화한다."(…)

그때 세존께서 이 뜻을 거듭 밝히고자 게송으로 말씀하셨다.

내가 성불한 이래 지난 겁수(劫數)
한량없는 수천만억 아승기이고
항상 설법하고 교화하여 한량없는 중생들을
불도(佛道)에 들게 한 지도 한량없는 겁이다.

중생을 제도하기 위해
방편으로 열반을 나타낼 뿐
실은 늘 여기에 머물면서 설법한다.
갖가지 신통력으로 내가 늘 여기 머물고 있으나
미혹한 중생들은 가까이에서도 보지 못한다.

–『법화경』,「여래수량품(如來壽量品)」

후반부에서 세존의 수명이 무량하다는 것은 무슨 뜻인가? 세존이 입멸한 후 대승이 일어날 무렵부터 세존을 이상화하는 사유가 일

어나 법신(法身)·보신(報身)·응신(應身)의 3신(身)이 등장하게
된다. 법신이란 진리 그 자체를 부처로 사유하는 것이고, 보신은
중생을 구제하기 위해 서원을 세우고 거듭 수행한 결과, 깨달음을
성취한 부처이다. 응신은 때와 장소, 중생의 능력이나 소질에 따
라 나타나 그들을 구제하는 부처이다. 『법화경』은 세존을 법신과
동일시함으로써 영원한 존재로 상정하여 신앙의 대상으로 설정
했다. 그래서 시대에 따라 여러 부처가 있고, 또 부처의 수명이 한
량없어 언제나 이 세계에 머물면서 중생을 교화한다는 이상이 담
겨 있어, 이것이 법화신앙의 근거가 되었다.

결국 『법화경』은 전반부에서 3승이 1승으로 돌아가는 도리를
밝힘으로써 온갖 경전과 교파 간의 대립을 수습했고, 후반부에서
는 세존을 영원한 부처로 파악함으로써 신앙의 대상을 확립했다
고 할 수 있다. 이것은 불교 전체를 총괄적으로 정리한 것이므로
'경전 중의 왕'이라 불리는 것이다.

무명을 밝히는 일곱 가지 비유
『법화경』에는 일곱 가지 비유가 있는데, 이를 '법화7유(法華七喩)'
라고 한다.

① 화택유(火宅喩) ㅣ 「비유품(譬喩品)」의 비유이다. 한 부호가
집에 불이 났는데도 노는 데 정신이 팔려 그 집에서 빠져

나오지 않는 아이들에게 양거(羊車)·녹거(鹿車)·우거(牛車)로 유인하여 그들이 나오자 보배로 된 수레를 준다는 내용이다. 부호는 부처를 상징하고, 불타는 집은 탐욕과 미혹이 들끓는 세계를, 아이들은 중생을, 세 수레는 3승(乘)을, 보배로 장식된 수레는 1승(乘)을 상징한다.

② 궁자유(窮子喩) ㅣ 「신해품(信解品)」의 비유이다. 원래 부호의 아들이었으나 어릴 때부터 방랑하여 자신의 신분도 모르고 가난하게 살아 온 아들을 그 부호가 찾아내어, 부호가 죽을 때 그가 자신의 아들임을 밝히고 재산을 물려준다는 내용이다. 부호는 부처를 상징하고, 가난한 아들은 성문(聲聞)을, 재산은 보살을 상징한다.

③ 약초유(藥草喩) ㅣ 「약초유품(藥草喩品)」의 비유이다. 약초는 같은 비를 맞아도 크기와 종류에 따라 제각기 다르게 자라듯, 부처는 중생의 능력이나 소질에 따라 여러 비유와 방편으로 설하지만 부처의 유일한 가르침은 보살행을 닦아 성불하는 것이라는 내용이다.

④ 화성유(化城喩) ㅣ 「화성유품(化城喩品)」의 비유이다. 보물을 찾기 위해 멀고 험난한 길을 가던 무리들이 도중에 힘들고 지쳐 돌아가려 하므로 길잡이가 신통력으로 성 한 채를 만

들어 무리들을 쉬게 한 다음, 다시 길을 떠난다는 내용이다. 보물은 1승(乘)에 의한 성불을 상징하고, 길잡이는 부처를, 신통력으로 만든 성 한 채는 방편을 상징한다.

⑤ 의주유(衣珠喩) | 「오백제자수기품(五百弟子授記品)」의 비유이다. 가난한 자가 친구 집에 갔다가 술에 취해 자고 있는데, 친구가 그의 옷 속에 보석을 매달아 주고 볼일이 있어 밖으로 나갔는데, 그 사실을 모르는 그는 술이 깨자 그 집을 나와 방황하면서 음식을 구하느라 갖은 고생을 했다. 훗날 우연히 만난 친구는 그의 초라한 행색을 보고 옷 속에 보석을 매달아 주었던 사실을 말한다는 내용이다. 가난한 자는 중생을 상징하고, 친구는 부처를, 보석은 부처의 지혜를 상징한다.

⑥ 계주유(髻珠喩) | 「안락행품(安樂行品)」의 비유이다. 전륜성왕이 전쟁에서 공을 세운 군사들에게 갖가지 상을 주는데, 자신의 상투 속에 간직한 빛나는 구슬만은 좀처럼 주지 않다가 아주 뛰어난 공을 세운 자에게 그것을 준다는 내용이다. 전륜성왕은 부처를 상징하고, 갖가지 상은 여러 가르침과 방편을, 뛰어난 공을 세운 자는 위대한 수행자를, 빛나는 구슬은 『법화경』의 가르침을 상징한다.

⑦ 의자유(醫子喩) | 「여래수량품(如來壽量品)」의 비유이다. 훌륭한 의사의 자식들이 실수로 독약을 먹고 정신에 이상이 생겼는데, 아버지가 곧 좋은 약을 마련하여 자식들에게 주었다. 증세가 약한 자식들은 그 약을 먹었으나 증세가 심한 자식들은 그 약을 좋지 않은 것으로 여기고 먹지 않으므로 아버지는 충격 요법으로 먼 곳에 가서 거짓으로 죽은 체한 뒤 심부름꾼을 보내 자식들에게 자신의 죽음을 알리게 하니, 증세가 심한 자식들이 그 소식을 듣고 정신을 차려 그 약을 먹고 회복했다는 내용이다. 의사는 부처를 상징하고, 독약을 먹은 자식들은 번뇌에 사로잡힌 중생을, 약은 부처의 가르침을, 의사의 거짓 죽음은 방편을 상징한다.

보현보살의 열 가지 행원

普賢行願品

보현행원품

◎

당(唐)의 반야(般若)가 번역한 40권본『화엄경』제40권의 「입불사의
해탈경계보현행원품(入不思議解脫境界普賢行願品)」을 따로 분리하여 간
행한 책이다.

이 품(品)은 깨달음을 이루기 위해 53선지식을 차례로 찾아간
선재동자(善財童子)가 마지막으로 보현보살을 만나 전해들은 법문으
로 보현보살의 열 가지 수행과 서원을 밝히고, 그것을 실천하는 방
법과 그 공덕을 설한다.

그때 보현보살마하살이 여래의 뛰어난 공덕을 찬탄하고 나서 여러 보살과 선재동자에게 말했다.

"선남자야, 여래의 공덕은 시방의 모든 부처님이 말할 수 없이 많은 불국토의 티끌 수만큼 많은 겁(劫)을 지내면서 계속 말씀하시더라도 끝내 다할 수 없다. 만약 이런 공덕문을 성취하려면 반드시 열 가지 넓고 큰 행원을 닦아야 한다.

무엇이 열 가지인가? 하나는 모든 부처님께 경건한 마음으로 절하고, 둘은 부처님을 찬탄하고, 셋은 널리 공양하고, 넷은 업장(業障)을 참회하고, 다섯은 남이 지은 공덕을 기뻐하고, 여섯은 부처님께 설법해 주시기를 청하고, 일곱은 부처님께 이 세상에 오래 머무시기를 청하고, 여덟은 항상 부처님을 따라다니며 배우고, 아홉은 항상 중생의 뜻을 거스르지 않고, 열은 모두 두루 회향하는 것이다."

선재동자가 말했다.

"대성(大聖)이시여, 어떻게 경건한 마음으로 절하고, 어떻게 회향합니까?"

보현보살이 선재동자에게 말했다.

"모든 부처님께 경건한 마음으로 절한다는 것은, 온 법계와 허공계와 시방의 과거·현재·미래와 모든 불국토의 티끌 수만큼 많은 부처님에게 두루 절하는 것이다. 내가 보현행원의 힘으로 깊은 믿음이 생겨 눈앞에 뵌 듯 청정한 몸과 말과 뜻으로 항상 절하는데, 불국토의 티끌 수만큼 많은 몸을 나타내어 그 한 몸 한 몸이 불국토의 티끌 수만큼 많은 부처님에게 두루 절하는 것이니, 허공계가 끝나면 나의 절도 끝나겠지만 허공계가 끝날 수 없으므로 나의 이 절도 끝나지 않는다.

이와 같이 하여 중생계가 끝나고 중생의 업이 끝나고 중생의 번뇌가 끝나면 나의 절도 끝나겠지만, 중생계와 중생의 번뇌가 끝날 수 없으므로 나의 이 절도 끝나지 않아 끊임없이 계속해서 잠시도 쉬지 않지만 몸과 말과 뜻으로 하는 일에 힘들어하거나 싫증내지 않는다. (…)

선남자야, 업장을 참회한다는 것은 보살이 생각하기를 '내가 과거의 아주 오랜 겁 동안에 탐욕과 분노와 어리석음으로 말미암아 몸과 말과 뜻으로 지은 악업이 한량없고 가없어, 만약 그 악업이 형체가 있는 것이라면 허공계도 다 수용할 수 없을 것이다. 내 이제 청정한 몸과 말과 뜻으로 법계의 티끌만큼 많은 국토의 모든 불보살 앞에서 지성으로 참회하고 다시는 악업을 짓지 않고 항상 청정한 계율의 온갖 공덕에 머물겠습니다.'라고 하는 것이다.

이와 같이 하여 허공계가 끝나고 중생계가 끝나고 중생의 업이 끝나고 중생의 번뇌가 끝나면 나의 참회도 끝나겠지만, 허공계와 중생의 번뇌가 끝날 수 없으므로 나의 이 참회도 끝나지 않아, 끊임없이 계속해서 잠시도 쉬지 않지만 몸과 말과 뜻으로 하는 일에 힘들어하거나 싫증내지 않는다. (…)

선남자야, 모두 두루 회향한다는 것은 처음에 부처님께 절하는 것에서 중생의 뜻을 거스르지 않는 것까지의 모든 공덕을 온 법계와 허공계의 모든 중생에게 남김없이 회향하여 중생이 항상 안락하고 갖가지 병으로 겪는 고통이 없기를 원하고, 악한 일을 하고자 하면 다 이루어지지 않고 선한 일을 닦고자 하면 다 빨리 성취하여 온갖 악한 방향으로 가는 문을 닫아버리고, 인간과 천상의 중생에게 열반에 이르는 바른 길을 열어 보이고, 모든 중생이 쌓인 악업으로 받게 되는 온갖 극심한 고통의 과보를 내가 다 대신 받아, 저 중생들이 모두 해탈하여 마침내 최상의 깨달음을 성취하게 하는 것이다.

보살은 이와 같이 회향하는데, 허공계가 끝나고 중생계가 끝나고 중생의 업이 끝나고 중생의 번뇌가 끝나더라도 나의 이 회향은 끝나지 않아, 끊임없이 계속해서 잠시도 쉬지 않지만 몸과 말과 뜻으로 하는 일에 힘들어하거나 싫증내지 않는다. (…)

선남자야, 저 모든 중생들이 이 큰 서원을 듣고 믿어 받아 지니어서 읽고 외우고 널리 남에게 설해 준다면, 그 공덕은 부처님을 제외하고는 아무도 알 자가 없다. 그러므로 너희들은 이 서원을 듣고 의심하지 말고, 조심스럽게 받아서 읽고 외우고 지니고 베껴 쓰고 널리 남에게 설해 주어라. 설해 주는 사람들은 한 순간에 행원을 다 성취하여 얻을 복이 한량없고 가없어 번뇌와 큰 고통의 바다에서 중생을 건져내어 벗어나게 하고, 다 아미타불의 극락세계에 왕생할 것이다."

부모 은혜에 보답하는 길

父母恩重經

부모은중경

◎

1권 ┃ 부모의 은혜가 한량없이 크고 깊으므로 그 은혜에 보답할 것을 설한 경이다. 현재 널리 읽히고 있는 것은 1796년(정조 20)에 경기도 화성 용주사(龍珠寺)에서 간행한 판본이다.

　이 경에서는 부모의 은혜를 열 가지로 설한다. 그것은 아이를 잉태하여 지키고 보호해 주신 은혜, 낳으실 때 고통을 받으신 은혜, 아이를 낳고서 그 고통을 잊으신 은혜, 입에 쓴 것은 삼키고 단 것은 뱉어서 먹이신 은혜, 마른자리에 아이를 뉘고 자신은 젖은 자리에 누운 은혜, 젖을 먹여 기르신 은혜, 더러움을 깨끗이 씻어주신 은혜, 먼 길 떠난 자식을 염려해 주신 은혜, 자식 위해 나쁜 일도 마다하지 않은 은혜, 생을 마칠 때까지 자식을 사랑하신 은혜이다.

부처님이 아난에게 말씀하셨다.

"내가 중생을 살펴보니 모습은 사람이지만 마음과 행실이 어리석고 어두워 부모의 크신 은덕을 생각하지 않고, 공경하지 않고, 은덕을 저버리고, 인자한 마음이 없어 효도하지 않고, 도리를 벗어나는 일이 많다.

어머니가 아이를 잉태한 열 달 동안은 일어서고 앉는 것이 편하지 않아서 마치 무거운 짐을 진 것 같고, 음식을 잘 소화시키지 못해 큰 병에 걸린 것과 같다. 달이 차서 아이를 낳을 때는 한없는 고통을 받으면서도 순간의 잘못으로 아이가 살지 못하지 않을까 두려워하고, 돼지나 양을 잡는 것같이 피가 흘러 자리를 적신다.

이런 고통을 겪으면서 이 몸을 낳고는 쓴 것은 어머니가 삼키고 단 것은 뱉어서 아이에게 먹이고 안아주고 업어서 기른다. 더러운 것을 깨끗이 씻어주고, 힘들고 괴로워도 싫증내지 않고, 더운 것도 참고 추운 것도 참으며 고된 일도 마다하지 않는다. 마른자리에는 아이를 눕히고 젖은 자리에는 어머니가 눕는다.

3년 동안 어머니의 젖을 먹고 자라 나이를 먹으면 예절과 도리를 가르치고, 장가들이고 시집보내며, 관직에 내보내기 위해 공부시키고 직업도 갖게 한다. 힘들여 가르치고 정성을 다하여 기르는 일이 끝나더라도 은혜는 끊어지지 않아 자식이 병들면 부모도 병들고, 자식의 병이 나으면 부모의 병도 낫는다. 이렇게 양육하여 어서 어른이 되기를 바라지만 자식이 장성해서는 부모에게 효도하지 않는다. (…)

부모가 어떻게 지내는지, 춥고 더운 것도 알려 하지 않고, 아침저녁이나 초하루나 보름에도 문안드리지 않고, 부모를 편히 모실 생각도 하지 않고, 부모가 나이 들어 몸이 쇠약하고 핏기가 없으면 남이 볼까 부끄럽다고 괄시하고 구박한다. 혹 아버지가 홀로 되거나 어머니가 홀로 되어 빈 방을 지키게 되면, 마치 손님이 남의 집에 붙어사는 것처럼 여겨 평상이나 자리에 흙먼지가 쌓여도 닦지 않는다. 부모가 있는 방에 들어가 문안하거나 보살피는 일이 없으니, 방이 추운지 더운지, 부모의 배가 고픈지 목이 마른지 알 리가 없다. 그러하니 부모는 밤낮으로 슬퍼하고 탄식한다."(…)

그때 대중들이 부처님께서 설하신 부모의 은혜를 듣고 슬피 울면서 부처님께 여쭈었다.

"세존이시여, 저희들은 이제 큰 죄인임을 알았습니다. 어떻게 하면 부모의 깊은 은혜를 갚을 수 있겠습니까?"

부처님이 제자들에게 말씀하셨다.

"부모의 은혜를 갚으려면 부모를 위해 이 경을 베껴 쓰고, 부모를 위해 이 경을 독송하고, 부모를 위해 죄와 허물을 참회하고, 부모를 위해 3보에 공양하고, 부모를 위해 재계(齋戒)를 받아 지니고, 부모를 위해 보시하고 복을 지어야 한다."

한 권으로 읽는 불교 고전

마음에 깃든 여래의 청정한 씨앗

勝鬘經

승만경

1권 ┃ 본 이름은 『승만사자후일승대방편방광경(勝鬘師子吼一乘大方便方廣經)』이고, 유송(劉宋)의 구나발타라(求那跋陀羅, 394-468)가 번역했다. 이 경은 승만이 가르침을 설하면 세존이 승인하는 형식으로 전개된다.

　　승만(勝鬘, ⓢ śrīmālā)은 사위국(舍衛國) 파사닉왕(波斯匿王)과 말리(末利) 왕비의 딸로, 아유타국(阿踰陀國) 우칭왕(友稱王)에게 시집간 여인이다. 승만의 부모는 불교에 귀의한 그들의 기쁨을 딸에게 알리기 위해 세존의 한량없는 공덕을 찬탄하는 편지를 딸에게 보낸다. 편지를 받은 딸은 기뻐하면서 세존을 뵙고 예배드리니, 세존은 그녀가 장차 성불하리라고 수기(授記)한다. 이에 승만은 성불할 때까지 결코 깨뜨리지 않을 다음과 같은 열 가지 서원을 세운다.

첫째, 계율을 깨뜨리지 않겠다. 둘째, 교만한 마음을 내지 않겠다. 셋째, 성내지 않겠다. 넷째, 남의 외모나 재산에 대해 질투하지 않겠다. 다섯째, 내가 소유하고 있는 것을 아끼지 않겠다. 여섯째, 나 자신을 위해 재산을 모으지 않겠다. 일곱째, 남에게 가르침이나 재물을 베풀고, 부드럽고 온화한 말을 하며, 서로 고락을 같이 하겠다. 여덟째, 의지할 데 없는 사람, 어려움을 당하고 있는 사람을 보면 언제든지 구하겠다. 아홉째, 짐승을 사냥하거나 계율을 지키지 않는 사람을 보면 그냥 지나치지 않겠다. 열째, 바른 가르침을 잘 지키고 그것을 잊어버리지 않겠다.

그녀는 열 가지 서원을 세운 다음, 그것을 세 가지로 요약한다.

세 가지 큰 서원

그때 승만이 부처님 앞에서 다시 세 가지 큰 서원을 말했다.

"이 진실한 서원으로 한량없는 중생을 편안케 하겠습니다. 이 선근으로 어느 생에서든지 바른 가르침에 대한 지혜를 얻겠습니다. 이것이 첫 번째 큰 서원입니다.

제가 바른 가르침에 대한 지혜를 얻고 나서는 싫증내지 않고 중생에게 그것을 설하겠습니다. 이것이 두 번째 큰 서원입니다.

제가 바른 가르침을 받아들여 간직하고는 몸과 목숨과 재물을 버려서라도 그것을 보호하겠습니다. 이것이 세 번째 큰 서원입니다."

— 제3「삼원장(三願章)」

승만은 나아가 모든 서원은 하나의 큰 서원으로 집약되는데, 이를 바른 가르침을 받아들여 마음에 간직하는 섭수정법(攝受正法)이라 하고, 그것이 곧 6바라밀(波羅蜜)이고 대승이라 설한다. 또 세존이 이 세상에 출현하여 성문(聲聞)과 연각(緣覺)과 보살(菩薩)의 3승(乘)에 대한 여러 가지 가르침을 설했지만, 그것은 결국 1승(乘)으로 이끌기 위한 방편에 지나지 않는다 하고, 모든 중생의 마음속에는 본래부터 여래(如來)의 성품이 갈무리되어 있다는 여래장(如來藏)에 대해 설한다.

정법을 간직하는 것이 바라밀이고, 대승이다

그때 승만이 부처님께 말했다.

"제가 이제 부처님의 위대한 힘을 받아서 몸과 마음을 조절하는 일과 큰 서원을 일으키는 일에 대해 말씀드리려고 합니다. 이 말이 진실하여 부처님의 설법과 다르지 않기를 바랍니다."

그러자 부처님이 승만에게 말씀하셨다.

"그대 생각대로 해라, 들어 보리라."

승만이 부처님께 말했다.

"갠지스 강의 모래알처럼 많은 보살들의 서원은 모두 하나의 큰 서원에 들어갑니다. 그것은 바른 가르침을 받아들여 간직하는 것입니다. 이것이야말로 실로 큰 서원이라 할 수 있습니다." (…)

"세존이시여, 정법을 거두어들이는 일은 바라밀(波羅蜜)과 다르지 않고, 바라밀이 정법을 거두어들이는 일과 다르지 않아서 정법을 거두어들이는 일이 곧 바라밀입니다."

– 제4 「섭수장(攝受章)」

부처님이 승만에게 말씀하셨다.

"그대는 이제 모든 부처님이 설하신 정법을 거두어들이는 일에 대해 다시 말해 보아라."

승만이 부처님에게 말했다.

"훌륭하십니다, 세존이시여. 말씀대로 하겠습니다.

세존이시여, 정법을 거두어들이는 일은 마하연(摩訶衍, 대승)입니다. 왜냐하면 마하연이 모든 성문과 연각의 세간·출세간의 선법(善法)을 내기 때문입니다."

– 제5「일승장(一乘章)」

1승은 열반의 세계이고 법신이다

"세존이시여, 저들은 전에 얻은 경지에서 가르침에 어둡지 않고 다른 것에 의지하지 않을 뿐 아니라 그들 스스로 미진한 경지를 얻었다는 것을 알아서 반드시 언젠가는 아뇩다라삼먁삼보리를 얻을 것입니다. 왜냐하면 성문승과 연각승은 모두 대승에 들어가고, 대승은 불승(佛乘)을 뜻하기 때문입니다. 그래서 3승(乘)은 1승(乘)이 됩니다.

1승을 얻은 자는 아뇩다라삼먁삼보리를 얻습니다. 아뇩다라삼먁삼보리는 바로 열반의 세계이고, 열반의 세계는 바로 여래의 법신입니다. 궁극의 법신을 얻은 자는 궁극의 1승을 얻습니다. 다른 여래가 없고 다른 법신이 없어서 여래가 바로 법신이기 때문입니다. 그래서 궁극의 법신을 얻은 자는 궁극의 1승을 얻습니다. 궁극이란 끝없고 단절이 없는 것입니다."

– 제5「일승장(一乘章)」

여래장은 여래만의 경계이다

"성스러운 진리는 뜻이 매우 깊기 때문에 미세한 데까지 알기는 어렵습니다. 생각으로 이를 수 있는 경계가 아니고, 지혜로운 자만이 알 수 있고, 세간의 중생은 믿을 수조차 없습니다. 왜냐하면 이 진리는 매우 깊은 여래의 곳간을 설하고 있기 때문입니다. 여래장(如來藏)은 여래만의 경계이지 어떤 성문이나 연각도 알 수 있는 경계가 아닙니다."

– 제7 「여래장장(如來藏章)」

여래장은 변하지 않는다

"여래장은 생멸의 모습을 떠났으므로 상주하여 변하지 않습니다. 그래서 의지처가 되고 지탱할 곳이 되고 건립처가 됩니다. 세존이시여, 여래장은 떠나지 않고 끊어지지 않고 벗어나지 않고 달라지지 않는 불가사의한 불법입니다."

– 제13 「자성청정장(自性淸淨章)」

여래장은 '본래부터 중생의 마음속에 간직되어 있는 여래의 청정한 성품', '중생의 마음속에 저절로 갈무리되어 있는 여래의 청정한 씨앗'이라는 뜻이다. 그 내용은 중생의 마음속에는 본래부터 여래의 청정한 성품이 간직되어 있지만 번뇌에 가려 있으므로 번뇌만 제거하면 그 성품이 드러난다는 것이다.

극락으로 가는 일심염불

阿彌陀經 아미타경

◎

1권 | 요진(姚秦)의 구마라집(鳩摩羅什, 344-413)이 번역했다. 『무량수경 (無量壽經)』·『관무량수경(觀無量壽經)』과 함께 '정토3부경(淨土三部經)'이 라 한다.

아미타(阿彌陀)는 아미타유스(ⓢ amitāyus) 또는 아미타바(ⓢ amitābha)의 음사이고, amitāyus는 '무량수(無量壽)', amitābha는 '무 량광(無量光)'이라 번역한다.

대부분의 경들이 제자들의 간청으로 설하거나 제자들과의 문 답으로 이루어진 데 반해, 이 경은 세존이 스스로 사리불(舍利弗)에 게 설했다. 『무량수경』과 『관무량수경』을 요약한 경이라 할 수 있 다. 내용은 극락정토와 아미타불에 대해 설하고, 그 정토에 태어나 는 길은 아미타불을 염불하는 데 있다고 설한다. 만약 어떤 사람이 아미타불의 이름을 듣고 한마음으로 염불하면, 그 사람이 죽음을 맞이할 때 아미타불의 영접을 받아 극락에 태어난다는 정토신앙을 밝히고 있다.

온갖 즐거움이 가득한 극락

그때 부처님이 장로 사리불에게 말씀하셨다.

"여기에서 10만억 불국토를 지나 극락(極樂)이라는 세계가 있다. 그 국토에 부처님이 계시는데, 아미타불(阿彌陀佛)이라 하고 지금도 설법하고 계신다.

사리불아, 그 국토를 왜 극락이라 하는가? 그 나라의 중생들은 어떤 괴로움도 없고, 온갖 즐거움만 누리므로 극락이라 한다."

시방 세계를 비추는 아미타불

"사리불아, 너는 저 부처님을 왜 아미타불이라 부른다고 생각하느냐?

사리불아, 저 부처님은 광명이 한량없어 시방 세계를 모두 비추어도 걸림이 없다. 그래서 아미타불이라 한다. 또 사리불아, 저 부처님의 수명과 그 나라 사람들의 수명은 한량없고 끝없는 아승기겁(阿僧祇劫)이다. 그래서 아미타불이라 한다.

사리불아, 아미타불이 성불한 이래 지금까지 10겁이 되었다."

믿음으로 발원하라

"사리불아, 선남자 선여인이 아미타불에 대한 말을 듣고 그 이름을 마음에 깊이 새겨 하루나 이틀, 혹은 사흘·나흘·닷

새·엿새·이레 동안 흐트러지지 않고 한결같은 마음으로 생각하면, 그 사람의 수명이 다할 때 아미타불이 제자들과 함께 그 사람 앞에 나타나신다. 그 사람은 죽을 때에도 마음이 흔들리지 않고 바로 아미타불의 극락국토에 태어나게 된다.

사리불아, 나는 이러한 이익을 보고 알기 때문에 이런 말을 하는 것이다. 어떤 중생이 이 말을 듣는다면 저 국토에 태어나기를 발원해야 한다. (…)

사리불아, 어떤 사람이 이미 발원했거나 지금 발원하거나 장차 발원하여 아미타불의 국토에 태어나려고 한다면, 이 사람들은 모두 아뇩다라삼먁삼보리에서 물러나지 않는 경지를 얻어 저 국토에 이미 태어났거나 지금 태어나거나 장차 태어날 것이다. 그러므로 사리불아, 선남자 선여인으로서 믿음이 있는 이는 반드시 저 국토에 태어나기를 발원해야 한다."

부모의 복락을 구하는 공양

盂蘭盆經 우란분경

1권 ┃ 서진(西晉)의 축법호(竺法護, 239-316)가 번역했다. 우란분(盂蘭盆)은 올람바나(ⓢ ullambana)의 음사로 도현(倒懸)이라 번역한다. '거꾸로 매달리는 고통을 받는다.'는 뜻으로, 아귀(餓鬼)의 고통을 표현한 말이다.

　목련(目連)이 신통력으로 돌아가신 어머니를 찾아보니, 아귀가 되어 굶주리는 고통을 겪고 있었다. 목련이 이것을 보고 슬피 울면서 발우에 밥을 담아서 어머니에게 갔다. 어머니가 밥을 먹으려 하니, 밥이 입에 들어가기도 전에 숯불로 변해 한 주먹도 먹지 못했다. 목련이 부처님에게 가서 그 사연을 자세히 말했다.

부처님이 말씀하셨다.

"네 어머니는 죄의 뿌리가 너무 깊어 너 혼자로는 어쩔 수가 없다. 네가 비록 효성이 지극해서 천지를 감동시키지만 너뿐 아니라 천신이나 지신이나 악마나 외도나 도사나 4천왕도 어쩔 수가 없다. 다만 시방에 있는 승려들의 신통한 힘을 받아야만 거기서 벗어날 수 있다. 내가 지금 너에게 어머니를 구제하는 방법을 일러주어 온갖 고난에서 벗어나게 하고 업장을 소멸시킬 수 있도록 하겠다.

목련아, 음력 7월 15일은 시방의 승려들이 자자(自恋)하는 날이다. 이날에는 돌아가신 7대 부모와 지금 살아 있는 부모가 받는 액란에서 벗어나게 할 수 있다. 그렇게 하려면 온갖 음식과 과일을 마련하고, 물을 길어 그릇에 담고, 향유와 제기와 등불과 평상과 자리를 마련하고, 세간의 감미로운 것들을 그릇에 담아 시방의 큰 덕이 있는 승려들에게 공양하라. (…) 이날 자자하는 승려들에게 공양하면 돌아가신 7대 부모와 부모·형제·처자들이 지옥·아귀·축생의 고통에서 벗어나고, 옷과 음식이 저절로 풍족해질 것이다. 지금 부모가 살아 있다면 부모의 복락이 100년에 이를 것이고, 이미 돌아가셨다면 7대 부모가 천상에 태어나 광명 속에서 한량없는 즐거움을 누릴 것이다."

그때 부처님이 시방의 승려들에게 말씀하셨다.

"먼저 시주(施主)의 집안을 위해 7대 부모를 축원하고, 선정에 들어가서 공양을 받아야 한다. 처음 공양 거리를 받아서는 먼저 부처님과 탑에 올리고, 승려들이 축원하고 나서 다시 공양을 받아야 한다."

그때 목련 비구와 여러 대중과 보살들이 모두 크게 기뻐했고, 목련의 울부짖는 소리도 사라졌다. 그리하여 목련의 어머니는 1겁 동안 받아야 할 아귀의 고통에서 벗어났다. (…)

부처님이 말씀하셨다.

"선남자 선여인아, 불제자로서 효성이 있는 이는 어느 때나 항상 지금 살아 있는 부모와 돌아가신 7대 부모를 생각해서 공양하여라. 특히 해마다 7월 15일에는 살아 있는 부모와 돌아가신 7대 부모에게 효도하는 마음으로 우란분재(盂蘭盆齋)를 마련해서 부처님과 승려들에게 공양하여 나를 낳아 길러 주신 부모의 자비로운 은혜에 보답하여라. 모든 불제자들은 이 가르침을 잘 받들어 지녀야 한다."

자자(自恣, ⑤ pravāraṇā ⑫ pavāraṇā)는 여름 안거(安居)가 끝나는 음력 7월 15일에 수행자들이 한곳에 모여 자신의 잘못을 서로 고백하고 참회하는 의식이다.

청정한 경지에 이르는 수행 지침

圓覺經

원각경

◎

1권 ┃ 당(唐)의 불타다라(佛陀多羅)가 번역했고, 본 이름은『대방광원각수다라요의경(大方廣圓覺修多羅了義經)』이다.

　한 모임에서 12명의 보살이 차례로 나와서 세존과 문답을 통해 원각(圓覺)의 청정한 경지와 그 경지에 도달하는 수행법을 밝힌 경이다.

무명이란 무엇인가

그때 세존께서 문수사리보살에게 말씀하셨다.

"어떤 것이 무명(無明)인가?

선남자야, 마치 어리석은 사람이 4방의 장소를 바꾼 것 같이 모든 중생은 아주 오랜 옛적부터 갖가지로 뒤바뀌었나니, 4대(大)를 잘못 알아 자기의 몸이라 하고, 6진(塵)의 그림자를 자기의 마음이라 한다. 마치 눈병 난 사람이 허공에 꽃이 보이고, 달이 두 개로 보이는 것과 같다.

선남자야, 허공에는 꽃이 없는데도 눈병 난 사람이 거기에 허망하게 집착하고, 그 집착 때문에 허공의 본성을 모를 뿐 아니라 실제의 꽃이 생기는 곳도 모른다. 그래서 허망하게 괴로운 생존을 되풀이하므로 무명이라 한다.

선남자야, 이 무명은 실체가 있는 게 아니다. 마치 꿈을 꾸는 사람이 꿈속에서는 없지 않지만 깨면 아무것도 없는 것과 같고, 온갖 허공의 꽃이 허공에서 소멸했을 때 소멸한 곳이 정해져 있지 않은 것과 같다. 왜냐하면 생긴 곳이 없기 때문이다. 모든 중생은 생김이 없는데도 허망하게 생멸이 있다고 여기므로 괴로운 생존을 되풀이한다."

– 「문수사리보살장(文殊師利菩薩章)」

무명은 원각에서 생겨난다

그때 세존께서 이 뜻을 거듭 펴고자 게송으로 말씀하셨다.

보현아, 너는 알아야 한다.
모든 중생들의 오랜 허깨비의 무명은
모두 원각에서 생겨났나니
마치 허공의 꽃이
허공에서 생기는 것과 같다.

허공의 꽃이 멸해도
허공은 조금도 변동 없고
허깨비가 원각에서 생겼기에
허깨비가 멸하면 깨달음이 원만해지고
깨달음의 마음은 변동 없다.

보살과 말세의 중생들은
허깨비를 멀리 여의어야 하나니
허깨비를 다 여의면
나무에서 불이 나서 나무를 태우고는
불도 꺼지는 것과 같아
깨달음에는 차례가 없고
방편도 그러하다.

－「보현보살장(普賢菩薩章)」

허깨비가 소멸하면 청정을 얻는다

그때 세존께서 보안보살(普眼菩薩)에게 말씀하셨다.

"좋고 좋구나, 선남자야. 너는 보살과 말세의 중생들을 위해 수행하는 차례와 사유의 보존을 묻고, 또 갖가지 방편을 말해 달라고 하는구나. 자세히 들어라, 말해주리라."

보안보살이 이 말씀을 듣고 환희하면서 대중들과 함께 조용히 귀를 기울였다.

"선남자야, 새로 배우는 보살과 말세의 중생들이 여래의 청정한 원각의 마음을 구하려면 바른 생각으로 허깨비를 멀리 여의어야 한다. 먼저 여래의 사마타(奢摩他)에 의지하고, 계율을 굳게 지니고, 대중과 함께 편안히 거처하고, 조용한 방에 단정히 앉아서 항상 이렇게 생각해야 한다.

'지금 나의 이 몸은 4대(大)가 화합한 것이니, 머리카락·털·손발톱·이빨·살갗·살·힘줄·뼈·골수·뇌·더러운 형상은 다 땅[地]으로 돌아가고, 침·콧물·고름·피·진액·가래·땀·눈물·정기·대소변은 다 물[水]로 돌아가고, 따뜻한 기운은 불[火]로 돌아가고, 움직이는 기운은 바람[風]으로 돌아간다. 4대가 제각기 흩어지면 지금의 허망한 몸은 어디에 있겠는가.'

이 몸은 끝내 실체가 없고 화합해서 형상이 이루어진 것으로 허깨비 같음을 알게 되리라. 네 가지 인연이 임시로 화합해서 허망하게도 6근(根)이 있게 되고, 6근과 4대가 합쳐져서 안팎을 이룬 뒤에 허망하게도 인연의 기운이 중간에 쌓여 인연의 모습이 있는 듯하게 되니, 이것을 임시로 마음이라 한다. 선남자야, 이 허망한 마음은 6진(塵)이 없다면 있을 수 없고, 4대가 흩어지면 대상이 있을 수 없고, 그 중간에 인연과 대상이 제각기 흩어져 멸하면 마음도 끝내 없다.

선남자야, 중생들의 허깨비 몸이 멸하므로 허깨비 마음도 멸하고, 허깨비 마음이 멸하므로 허깨비 대상도 멸하고, 허깨비 대상이 멸하므로 허깨비의 멸함도 멸하고, 허깨비의 멸함이 멸하므로 허깨비 아닌 것은 멸하지 않는다. 마치 거울을 닦아서 때를 없애면 환해지는 것과 같다. 선남자야, 알아야 한다. 몸과 마음이 다 허깨비의 때이니, 이 때가 다 멸하면 시방이 청정하리라.

선남자야, 청정한 보배 구슬에 5색(色)이 비치어 방향마다 다른 빛깔이 나타나면 어리석은 이들은 그 보배 구슬에 실제로 5색이 있는 것으로 여기듯이 선남자야, 원각의 청정한 성품이 몸과 마음을 나타내어 갖가지로 반응하면 어리석은 이들은 청정한 원각에 실제로 그러한 몸과 마음의 성질이 있다고 여기기 때문에 허깨비를 멀리 여의지 못한다. 그래서 나는 몸과 마음을 허깨비의 때라 하고, 허깨비의 때를 여읜 이를 보살이라 한다. 때가 다하여 대상이 제거되면, 때도 대상도 없고 이름을 붙일 것도 없느니라.

선남자야, 보살과 말세의 중생이 온갖 허깨비의 속성을 확실히 알아 영상을 소멸시키면 그때 바로 끝없는 청정을 얻으리니, 끝없는 허공이 각(覺)의 나타남이니라. 각이 원만하고 밝으므로 마음의 청정이 드러나고, 마음이 청정하므로 보이는 대상이 청정하고, 보이는 대상이 청정하므로 눈[眼]이 청정하고, 눈이 청정하므로 보는 마음 작용이 청정하고, 보는 마음 작용이 청정하므로 들리는 대상이 청정하고, 들리는 대상이 청정하므로 귀[耳]가 청정하고, 귀가 청정하므로 듣는 마음 작용이 청정하고, 듣는 마음 작용이 청정하므로 감각되는 대상이 청정하고, 코[鼻]·혀[舌]·몸[身]·의식 기능[意]도 그러하다. 선남자야, 기관이 청정하므로 형상[色]이 청정하고, 형상이 청정하므로 소리[聲]가 청정하고, 냄새[香]·맛[味]·감촉[觸]·의식 내용[法]도 그러하다."

- 「보안보살장(普眼菩薩章)」

생각은 허공의 꽃이다

"선남자야, 생각은 분별하는 마음에서 일어나고, 다 6진(塵)에 의한 망상의 기운이어서 진실로 마음의 본성이 아니다. 이미 허공의 꽃과 같은데 이러한 생각으로 부처의 경계를 논하는 것은, 허공의 꽃이 허공에서 열매를 맺는 것과 같아서 망상만 더할 뿐이다." (…)

그때 세존께서 이 뜻을 거듭 펴고자 게송으로 말씀하셨다.

금강장(金剛藏)아, 잘 알아라.

여래의 적멸한 성품은

애초부터 시작도 끝도 없나니

윤회하는 마음으로

생각하면 곧 뒤바뀌어

윤회의 경계에 들 뿐

부처의 바다에 들지 못한다.

비유하면 금광석을 녹이는데

금은 녹여서 생기는 게 아니라

본래 금이니

녹여서 한번 순금이 되면

다시 금광석이 되지 않는 것과 같다.

생사와 열반

범부와 부처가

다 허공의 꽃이다.

생각 자체가 허깨비 같거늘

하물며 허망하다고 따지겠는가.

이런 마음을 밝게 알면

원각을 구할 수 있다.

　－「금강장보살장(金剛藏菩薩章)」

애욕은 윤회의 근본이다

"선남자야, 모든 중생이 아득한 옛적부터 갖가지 애욕과 탐욕 때문에 윤회하게 되었다. 모든 세계의 온갖 부류의 중생들, 알에서 깨어난 것이나 어미 뱃속에서 태어난 것이나 습한 데서 생긴 것이나 스스로 생긴 것이나 다 음욕으로 인해 목숨을 받았으니, 애욕이 윤회의 근본인 줄 알아야 한다."

– 「미륵보살장(彌勒菩薩章)」

로 읽는 불교 고전

대승보살의 지극한 경지

維摩經

유마경

◎

세 가지 한역이 있으며, 그중 구마라집의 번역이 널리 읽히고 있다.

①『유마힐경(維摩詰經)』. 2권. 오(吳)의 지겸(支謙) 번역.

②『유마힐소설경(維摩詰所說經)』. 3권. 요진(姚秦)의

　구마라집(鳩摩羅什, 344-413) 번역.

③『설무구칭경(說無垢稱經)』. 6권. 당(唐)의 현장(玄奘, 602-664) 번역.

『유마경』의 산스크리트 이름은 위말라키르티 니르데샤 수트라 (vimalakīrti-nirdeśa-sūtra)이다. vimala는 '물들지 않은', kīrti는 '명칭' 이라는 뜻이므로 무구칭(無垢稱)이라 번역한다. 음사하여 유마힐(維摩詰)이라 하고, 줄여서 유마라고 한다. 유마는 이 경의 주인공이다. nirdeśa는 '가르침', sūtra는 '경'이라는 뜻이다.

각 품의 내용은 다음과 같다.

제1「불국품(佛國品)」은 서문에 해당하고, 보살의 불국토 건설에 대해 세존이 설한다. 특히 세존은 일음(一音)으로 설법하지만 중생들의 근기에 따라 갖가지로 이해한다는 일음설(一音說)은 여기서 유래한다.

제2「방편품(方便品)」부터 유마힐이 주인공으로 등장한다. 그는 진리에 안주하지만 중생을 이롭게 하기 위해 하나의 방편으로 병을 앓는다고 설한다.

제3 「제자품(弟子品)」과 제4 「보살품(菩薩品)」에서는 세존이 10대 제자와 보살들에게 유마힐의 병문안을 가도록 권하지만 모두 지난 날 유마힐로부터 훈계 받은 경험을 말하면서 문병을 사양한다.

제5 「문수사리문질품(文殊師利問疾品)」에서는 문수보살이 세존의 청을 받들어 병문안을 가서 유마힐과 대화를 나눈다.

제6 「불사의품(不思議品)」에서는 시간과 공간을 벗어난 보살행을 설하고, 제7 「관중생품(觀衆生品)」에서는 보살이 중생을 어떻게 관찰하고 어떻게 자비를 베푸는가에 대해 설하며, 제8 「불도품(佛道品)」에서는 연꽃이 진흙 연못에서 피듯 불도는 번뇌 속에서 생긴다고 설하고, 보살의 어머니는 지혜이고, 아버지는 방편이라 설한다.

제9 「입불이법문품(入不二法門品)」에서는 불이법문, 즉 분별과 대립과 차별과 언어를 떠난 경지에 대해 보살들의 견해를 들으면서 진행되는데, 마침내 유마힐의 침묵으로 절정에 이른다.

제10 「향적불품(香積佛品)」에서는 향적불의 나라에서 음식을 가져오게 한다. 그 나라에서는 설법하지 않고 묘한 향으로 삼매를 얻지만 이 나라에서는 갖가지 방편으로 중생을 이끌어야 하는 어려움을 설한다.

제11 「보살행품(菩薩行品)」 이하의 품에서는 세존이 유마힐의 법문을 다른 측면에서 다시 설한다.

몸에 대한 바른 통찰

유마힐은 이와 같이 한량없는 방편으로 중생들을 이롭게 했다. 또 그는 방편으로 몸에 병을 나타내었고, 그 때문에 국왕·대신·장자·거사·바라문·왕자·관리 등 수천 명이 문병했다. 유마힐은 그를 찾아온 사람들에게 몸의 병을 예로 들어 설법했다.

"인자(仁者)들이여, 이 몸은 무상하여 강하지도 굳세지도 않고 무력하며 너무나 빨리 썩기 때문에 믿을 게 못 됩니다. 괴로움과 근심의 근원이고 온갖 병이 모이는 곳입니다.

인자들이여, 이 몸은 총명하고 지혜로운 사람이 의지할 바가 못 됩니다. 이 몸은 만질 수 없는 거품 덩어리 같고, 이 몸은 오래 지속될 수 없는 물거품 같고, 이 몸은 갈애(渴愛)에서 생긴 불꽃 같고, 이 몸은 알갱이 없는 파초 같고, 이 몸은 그릇된 생각으로 일어난 허깨비 같고, 이 몸은 허망하게 나타난 꿈 같고, 이 몸은 저지른 업에 따라 나타나는 그림자 같고, 이 몸은 인연 따라 생기는 메아리 같고, 이 몸은 순식간에 사라지는 뜬 구름 같고, 이 몸은 찰나도 머물지 않는 번개 같습니다. 이 몸은 주인이 없으니 땅과 같고, 이 몸에 자아가 없으니 불과 같고, 이 몸에 목숨이 없으니 바람과 같고, 이 몸에 영혼이 없으니 물과 같습니다.

이 몸은 실체가 없어 4대(大)로 집을 삼고, 이 몸은 텅 비어 나와 내 것을 떠나고, 이 몸에 앎이 없어 초목이나 돌과 같고,

이 몸에 의지가 없어 바람 따라 굴러가고, 이 몸은 청정하지 않아 더러움으로 가득하고, 이 몸은 헛것이어서 비록 씻고 입고 먹어도 반드시 부서져 없어지고, 이 몸은 재앙이어서 101가지 병에 시달리고, 이 몸은 언덕의 메마른 우물 같아서 늙음에 쫓기고, 이 몸에 고정된 게 없어서 반드시 죽기 마련이고, 이 몸은 독사 같고 도둑 같고 텅 빈 마을 같고, 5온(蘊)·12처(處)·18계(界)가 모여서 이루어진 것입니다."

– 제2 「방편품(方便品)」

중생이 병들어서 나도 병들었다

문수사리가 말했다.

"거사여, 이 병은 무엇 때문에 생겼고, 생긴 지 오래 되었다면 어떻게 해야 나을 수 있겠습니까?"

유마힐이 말했다.

"어리석음과 애욕에서 병이 생깁니다. 중생들이 병들어서 나도 병들었습니다. 중생들의 병이 나으면 내 병도 낫습니다. 왜냐하면 보살은 중생을 위해 생사에 들어섰는데, 생사가 있으면 병이 있기 때문입니다. 중생이 병을 떠나면 보살도 병이 없을 겁니다. 비유하면 장자(長子)에게 자식이 하나 있는데, 그 자식이 병들면 부모도 병들고, 자식의 병이 나으면 부모도 낫습니다. 보살도 마찬가지입니다. 모든 중생을 자식처럼 사

245

랑합니다. 중생이 병들면 보살도 병들고, 중생의 병이 나으면 보살도 낫습니다. 이 병은 무엇 때문에 생겼느냐 하면, 보살의 병은 대비(大悲)에서 생깁니다."

– 제5「문수사리문질품(文殊師利問疾品)」

유마힐의 침묵

이렇게 여러 보살들이 각자 말하고 나서 문수사리에게 물었다.
"어떤 것을 보살이 불이법문에 들어가는 것이라 합니까?"
문수사리가 말했다.
"모든 현상에 대해 말하거나 설할 것도 없고, 지시하거나 분별할 것도 없어 모든 문답을 떠나는 것이 불이법문에 들어가는 것입니다."
문수사리가 유마힐에게 물었다.
"우리는 각자 자신의 생각을 말했습니다. 이제는 거사께서 말할 차례입니다. 어떤 것을 보살이 불이법문에 들어가는 것이라 합니까?"
그때 유마힐은 묵묵히 말이 없었다.
문수사리가 감탄하면서 말했다.
"훌륭하고 훌륭합니다. 문자와 언어가 없는 것이 참으로 불이법문에 들어가는 것입니다."
이렇게 「불이법문품」을 설했을 때, 그곳에 모인 대중 가운데

5천 명의 보살이 불이법문에 들어가 무생법인(無生法忍)을 얻었다.

– 제9 「입불이법문품(入不二法門品)」

궁극의 '그 하나'는 언어로 표현할 수 없다. 왜냐하면 언어 자체가 2분법―이것은 언어의 결함이 아니라 언어의 본질이다―이기 때문에 '그 하나'를 언어로 표현하는 순간 둘로 쪼개지기 때문이다. 어떻게 하더라도 '그 하나'에 이를 수 없는 게 언어의 숙명이다. '그 하나'는 언어 저 편의, 언어의 그물에 걸리지 않는, 언어가 없어지고 생각이 끊어진 상태여서 말할 수도 없고, 인식할 수도 없고, 설할 수도 없는 것이다.

'불이(不二)'는 언어가 미치지 못하고 생각이 끊어진 상태여서 말로 표현할 수가 없다. 그래서 세존은 40여 년 동안 한 자(字)도 설하지 않았다고 했고, 유마힐은 침묵한 것이다.

무생법인(無生法忍)은 불생불멸(不生不滅)의 진리를 확실하게 인정하고 거기에 안주하여 마음을 움직이지 않는 경지이다.

육도중생을 해탈시키는 보살

地藏經
지장경

◎

2권 │ 본 이름은『지장보살본원경(地藏菩薩本願經)』이고, 당(唐)의 실차난타(實叉難陀, ⓢ śikṣānanda, 652-710)가 번역했다.

지장보살은 석가모니불이 입멸하고 미륵보살이 성불할 때까지, 즉 부처가 없는 시대에 중생을 제도한다는 보살이다. 그는 모든 중생이 구원을 받을 때까지 자신은 부처가 되지 않겠다는 큰 서원을 세운 보살이기 때문에 '대원본존지장보살(大願本尊地藏菩薩)'이라 하고, 특히 가장 고통이 심한 지옥의 중생을 제도하는 데 중점을 둔다고 한다.

『지장경』은 지장보살이 지옥에서 온갖 고통을 받고 있는 중생들을 구제하기 위해 세운 큰 서원과 지장보살에게 예배하는 공덕을 설한 경이다.

부처님이 문수사리에게 말씀하셨다.

"문수사리야, 지장보살마하살은 말할 수도 없는 오랜 겁 이전에 어떤 장자(長者)의 아들로 태어났다. 그때 부처님의 이름은 사자분신구족만행여래(師子奮迅具足萬行如來)였다. 장자의 아들은 부처님의 모습이 천 가지 복으로 장엄되어 있는 것을 보고 그 부처님께 여쭈었다.

'어떤 수행과 서원을 해야 이런 모습을 갖출 수 있습니까?'

사자분신구족만행여래가 장자의 아들에게 말씀하셨다.

'이런 몸을 얻고자 하면 오랫동안 온갖 고통을 받고 있는 중생들을 구제해야 한다.'

문수사리야, 그때 장자의 아들이 서원을 세웠다.

'저는 지금부터 미래세에 헤아릴 수 없는 겁이 다하도록 죄업으로 고통을 받고 있는 6도(道) 중생에게 널리 방편을 베풀어다 해탈시키고 나서 저 자신도 불도를 이루겠습니다.'

그 부처님 앞에서 이런 큰 서원을 세우고, 그때부터 오랜 겁 동안 보살행을 닦았다."

– 『지장경』 상권, 「도리천궁신통품(忉利天宮神通品)」

그때 세존께서 보광보살(普廣菩薩)과 비구·비구니·우바새·우바이에게 말씀하셨다.

"내가 너희들에게 지장보살이 인간과 천상을 이롭게 하는 복덕에 대해 간략히 말하겠으니 잘 들어라."

보광보살이 말했다.

"예, 세존이시여. 흔쾌히 듣겠습니다."

부처님이 말씀하셨다.

"미래세에 선남자 선여인이 이 지장보살의 이름을 듣고 합장하거나 찬탄하는 이, 예배하는 이, 연모하는 이는 30겁 동안 지은 죄에서 벗어날 것이다.

보광아, 선남자 선여인이 이 보살의 형상을 고운 빛깔로 그리거나 흙·돌·아교·옻나무·금·은·동·철로 이 보살의 형상을 만들어 한 번만이라도 바라보거나 예배하면, 이 사람은 100번이나 33천(天)에 태어나고 영원히 악도에 떨어지지 않을 것이다."

– 『지장경』 상권, 「여래찬탄품(如來讚歎品)」

부처님이 게송으로 말씀하셨다.

최상의 깨달음을 구하려거나
3계(界)의 고통에서 벗어나려는 이는
대비심을 내어
지장보살상에 예배하면
온갖 소원 속히 성취되고
업장이 끊어져 영영 없어지리라.

– 『지장경』 하권, 「견문이익품(見聞利益品)」

장엄한 대승불교의 세계

華嚴經

화엄경

◎

본 이름은 『대방광불화엄경(大方廣佛華嚴經)』이다. 세 가지 번역이 있는데, 60권본은 동진(東晉)의 불타발타라(佛馱跋陀羅, Ⓢ Buddhabhadra, 359-429) 번역이고, 80권본은 당(唐)의 실차난타(實叉難陀, Ⓢ śikṣānanda, 652-710) 번역, 40권본은 당(唐)의 반야(般若, Ⓢ Prajñā) 번역이다. 40권본은 60권본과 80권본의 마지막에 있는 「입법계품(入法界品)」에 해당한다. 60권본의 경우는 7처(處) 8회(會) 34품, 80권본은 7처 9회 39품으로 구성되어 있는데, 처(處)와 회(會)는 이 경을 설한 장소와 모임을 뜻한다.

『화엄경』은 세존이 비로자나불(毘盧遮那佛)과 한 몸이 되어 광명을 발하면서 침묵으로 일관하고 있고, 보현보살과 문수보살을 비롯한 수많은 보살들이 장엄한 부처의 세계를 온갖 보살행으로 드러내는 형식으로 전개된다.

비로자나(毘盧遮那)는 Ⓢ vairocana의 음사이고, 변조(遍照)·광명변조(光明遍照)라고 번역한다. 비로자나불은 진리 그 자체, 진리를 있는 그대로 드러낸 우주 그 자체를 뜻하는 부처이므로 우주의 모든 현상이 곧 비로자나불이다. 이 비로자나불의 세계를 구체적으로 드러내는 것이 바로 『화엄경』의 보살행이다.

80권본 『화엄경』의 제1회에는 보현보살이 삼매에서 나와 부처의 깨달음의 경지를 설하고, 제2회에는 문수보살이 신(信)을 설하고, 제3회에는 법혜보살이 10주(住)를, 제4회에는 공덕림보살이 10행(行)을, 제5회에는 금강당보살이 10회향(廻向)을, 제6회에는 금강장보살이 10지(地)를 설한다. 7회에는 등각(等覺)과 묘각(妙覺)을 주로 보현보살이 설하고, 제8회에는 보현보살이 보살행을 총괄하여 설하고, 제9회의 「입법계품」에서는 앞에서 설한 부처의 깨달음의 경지와 보살행과 최상의 경지를 선재동자(善財童子)가 구체적으로 드러낸다. 이 가운데 10지(地)를 설한 「십지품」과 「입법계품」을 가장 중요시하는데, 10지는 보살이 수행 과정에서 거치는 열 가지 지혜의 경지이다.

보살의 열 가지 지혜의 경지

그때 시방의 모든 부처님이 각각 오른손을 뻗어 금강장보살(金剛藏菩薩)의 정수리를 쓰다듬으니 금강장보살이 삼매에서 깨어나 보살들에게 말했다.

"불자들이여, 보살마하살의 지혜의 경지에 열 가지가 있으니, 과거·현재·미래의 모든 부처님이 이미 설했고, 지금도 설하고, 앞으로도 설할 것이고, 나도 그렇게 설합니다.

무엇이 열 가지인가? 하나는 환희지(歡喜地), 둘은 이구지(離垢地), 셋은 발광지(發光地), 넷은 염혜지(焰慧地), 다섯은 난승지(難勝地), 여섯은 현전지(現前地), 일곱은 원행지(遠行地), 여덟은 부동지(不動地), 아홉은 선혜지(善慧地), 열은 법운지(法雲地)입니다."

- 80권본 『화엄경』 제34권, 「십지품(十地品)」

환희지(歡喜地) — 흔들림 없이 머무는 경지

"불자들이여, 보살이 처음 이 같은 마음을 내면 곧바로 범부의 지위를 뛰어넘어 보살의 지위에 들어가고, 여래의 집안에 태어나 누구도 그 종족의 허물을 말할 수 없고, 세간을 떠나 출세간에 들어가고, 보살의 경지를 얻어 보살의 자리에 머물고, 과거·현재·미래의 평등에 들어가 여래의 씨앗 속에서 반드시 최상의 깨달음을 얻게 됩니다.

보살이 머무는 이러한 경지를 환희지(歡喜地)라고 하는데, 흔

... 화엄경

들리지 않기 때문입니다"

- 80권본 『화엄경』 제34권, 「십지품(十地品)」

열 가지 서원은 모든 부처님께 공양하고, 부처님의 가르침을 지키고, 설법을 청하고, 모든 바라밀을 닦고, 중생을 교화하고, 세계를 잘 분별하고, 불국토를 청정하게 하고, 항상 보살행을 떠나지 않고, 보살행을 닦아 남에게 이익을 주고, 아뇩다라삼먁삼보리(阿耨多羅三藐三菩提)를 이루겠다는 것이다.

"불자들이여, 보살이 이처럼 큰 서원을 일으키면 곧바로 이롭게 하려는 마음, 부드러운 마음, 순종하는 마음, 고요한 마음, 온갖 악행을 다스리는 마음, 적멸한 마음, 겸손한 마음, 윤택한 마음, 흔들리지 않는 마음, 흐리지 않은 마음을 얻습니다."

- 80권본 『화엄경』 제34권, 「십지품(十地品)」

이구지(離垢地) — 번뇌를 여읜 경지

그때 금강장보살이 해탈월보살에게 말했다.

"불자여, 보살마하살이 초지를 닦고 나서 제2지에 들어가려면, 열 가지 깊은 마음을 일으켜야 합니다.

무엇이 열 가지인가? 그것은 정직한 마음, 부드러운 마음, 참는 마음, 온갖 악행을 다스리는 마음, 고요한 마음, 티 없이 선한 마음, 잡되지 않는 마음, 아쉬워하지 않는 마음, 넓은 마음, 큰마음입니다.

보살은 이 열 가지 마음으로 제2 이구지(離垢地)에 들어갑니다."

- 80권본 『화엄경』 제35권, 「십지품(十地品)」

발광지(發光地) — 지혜의 광명이 비취는 경지

"불자여, 보살마하살이 제3지에 머물면 모든 현상을 있는 그 대로 관찰하는데, 그것은 무상하고, 괴롭고, 깨끗하지 않고, 편안하지 않고, 부서지고, 오래 있지 않고, 찰나에 생겨났다 가 사라지고, 과거에 생겨난 것도 아니고, 미래로 가는 것도 아니고, 현재에 머무는 것도 아니라는 겁니다. (…)

이렇게 보고 나서 모든 현상을 곱절로 싫어하여 떠나 부처님 의 지혜로 나아가 부처님의 지혜가 불가사의하고, 비길 데 없 고, 한량없고, 얻기 어렵고, 잡되지 않고, 번뇌 없고, 근심 없 음을 보고, 두려움이 없는 성에 이르러 다시 물러나지 않고 한량없이 고난 받는 중생을 구제합니다. (…)

이 보살은 4섭법(攝法) 가운데 이행(利行)이 특히 많고, 10바라 밀 가운데 인욕바라밀이 특히 많고, 다른 것도 닦지 않는 것 은 아니지만 힘에 따르고 분수에 따를 뿐입니다.

불자여, 이것을 보살의 제3 발광지(發光地)라고 합니다."

- 80권본 『화엄경』 제35권, 「십지품(十地品)」

염혜지(焰慧地) — 지혜가 불꽃처럼 빛나는 경지

그때 금강장보살이 해탈월보살에게 말했다.

"불자여, 보살마하살이 제3지를 청정하게 닦고 나서 제4 염혜지(焰慧地)에 들어가려면, 열 가지 현상에 대한 밝은 이치를 수행해야 합니다.

무엇이 열 가지인가? 그것은 중생계를 관찰하고, 법계를 관찰하고, 세계를 관찰하고, 허공계를 관찰하고, 식계(識界)를 관찰하고, 욕계를 관찰하고, 색계를 관찰하고, 무색계를 관찰하고, 넓은 마음으로 믿고 아는 세계를 관찰하고, 큰마음으로 믿고 아는 세계를 관찰하는 것입니다. 보살은 열 가지 현상에 대한 밝은 이치로 제4 염혜지에 들어갑니다. (…)

이 보살은 4섭법(四攝法) 가운데 동사(同事)가 특히 많고, 10바라밀 가운데 정진바라밀이 특히 많고, 다른 것도 닦지 않는 것은 아니지만 힘에 따르고 분수에 따를 뿐입니다."

— 80권본 『화엄경』 제36권, 「십지품(十地品)」

난승지(難勝地) — 누구도 굴복시키지 못하는 경지

"불자여, 보살마하살이 제5지에 머물고는 보리분법(菩提分法)을 잘 닦기 때문에, 깊은 마음을 깨끗이 하기 때문에, 뛰어난 도를 더욱 구하기 때문에, 진여(眞如)를 거스르지 않고 따르기 때문에, 서원의 힘으로 유지되기 때문에, 모든 중생에 대한 자비를 버리지 않기 때문에, 복덕과 지혜로 도를 돕는 수행을 쌓기 때문에, 부지런히 닦고 익히기를 쉬지 않기 때문에, 교묘한 방편을 내기 때문에, 밝게 비치는 매우 높은 경지를 관찰하기 때문에, 여래의 보호를 받기 때문에, 지혜의 힘으로 유지되기 때문에 물러나지 않는 마음을 얻습니다.

불자여, 이 보살마하살은 이것이 괴로움이라는 성스러운 진리이고, 이것이 괴로움의 발생이라는 성스러운 진리이고, 이것이 괴로움의 소멸이라는 성스러운 진리이고, 이것이 괴로움의 소멸에 이르는 길이라는 성스러운 진리라는 것을 압니다."

– 80권본 『화엄경』 제36권, 「십지품(十地品)」

현전지(現前地) ── 모든 지혜가 나타나는 경지

"불자여, 보살마하살은 또 이렇게 생각합니다.

'3계(界)는 오직 한마음인데, 여래께서 여기에서 12유지(有支, 12연기)로 분별하여 설하지만 다 한마음에 의지하여 이렇게 세운 것이다. 왜 그러한가? 현상에 따라 탐욕이 마음과 함께 생기니, 마음은 식(識)이고 현상은 행(行)이다. 행에 미혹되는 것이 무명(無明)이고, 무명과 마음이 함께 생기는 것이 명색(名色)이고, 명색이 늘어난 것이 6처(處)이고, 6처에서 근(根)과 경(境)과 식(識)이 합쳐져 촉(觸)이 되고, 촉과 함께 생기는 것이 수(受)이고, 수에 싫증내지 않는 것이 애(愛)이고, 애를 거두어 들여 버리지 않는 것이 취(取)이고, 저 여러 갈래가 생기는 것이 유(有)이고, 유가 일어나는 것을 태어남이라 하고, 태어남이 성숙하여 늙음이 되고, 늙어서 부서져 죽음이 된다.'(…)
또 이 12유지를 3고(苦)라고 하는데, 이 가운데 무명과 행에
서 6처까지는 행고(行苦)이고, 촉과 수는 고고(苦苦)이고, 나머
지는 괴고(壞苦)입니다. 무명이 멸하면 행이 멸한다는 것은 3
고가 끊어지는 것입니다."(…)

3계가 마음에 의지해 있고
12인연도 그러함을 확실히 알고
생사가 다 마음이 지은 것이니
마음이 소멸하면 생사도 없네.

- 80권본 『화엄경』 제37권, 「십지품(十地品)」

원행지(遠行地) — 진리의 세계에 이르는 경지

"이 보살은 찰나마다 항상 10바라밀을 다 갖추고 있습니다.
왜냐하면 찰나마다 대비(大悲)를 으뜸으로 하여 부처님의 가
르침을 수행하고 부처님의 지혜로 향하기 때문입니다. 지니
고 있는 선근으로 부처님의 지혜를 구하기 위해 중생에게 베
푸니 단나바라밀(檀那波羅蜜)이고, 온갖 뜨거운 번뇌를 다 없애
니 시라바라밀(尸羅波羅蜜)이고, 자비를 으뜸으로 하여 중생에
게 해를 끼치지 않으니 찬제바라밀(羼提波羅蜜)이고, 뛰어난 선
법을 구하는 데 싫증내지 않으니 비리야바라밀(毘梨耶波羅蜜)
이고, 모든 것을 꿰뚫어 아는 지혜의 길이 항상 눈앞에 나타

나 산란하지 않으니 선나바라밀(禪那波羅蜜)이고, 모든 현상은
생기지도 소멸하지도 않는다는 것을 확실하게 인정하니 반
야바라밀(般若波羅蜜)이고, 한량없는 지혜를 내니 방편바라밀
(方便波羅蜜)이고, 매우 높고 뛰어난 지혜를 구하니 원바라밀
(願波羅蜜)이고, 어떤 다른 주장이나 어떤 악마의 무리도 가로
막거나 부술 수 없으니 역바라밀(力波羅蜜)이고, 모든 현상을
있는 그대로 밝게 아니 지바라밀(智波羅蜜)입니다."

– 80권본 『화엄경』 제37권, 「십지품(十地品)」

단나(檀那, ⑤ dāna)는 보시(布施), 시라(尸羅, ⑤ śila)는 지계(持戒), 찬제
(羼提, ⑤ kṣāti)는 인욕(忍辱), 비리야(毘梨耶, ⑤ vīrya)는 정진(精進), 선
나(禪那, ⑤ dhyāna)는 선정(禪定)이다.

바라밀(波羅蜜)은 ⑤ pāramitā의 음사로, '완성'이라는 뜻이다.
10바라밀은 보살이 이루어야 할 열 가지 완성을 말한다.

○ 보시바라밀 ㅣ 보시를 완전하게 성취함. 보시의 완성.
○ 지계바라밀 ㅣ 계율을 완전하게 지킴. 지계의 완성.
○ 인욕바라밀 ㅣ 인욕을 완전하게 성취함. 인욕의 완성.
○ 정진바라밀 ㅣ 완전한 정진. 정진의 완성.
○ 선정바라밀 ㅣ 완전한 선정. 선정의 완성.
○ 지혜바라밀 ㅣ 분별과 집착이 끊어진 완전한 지혜를
　　　　　　　성취함. 지혜의 완성.

∘ 방편바라밀 ┃ 중생을 구제하기 위한 완전한 방편을
　　　　　　성취함. 방편의 완성.
∘ 원바라밀 ┃ 중생을 구제하려는 완전한 서원을 성취함.
　　　　　　서원의 완성.
∘ 역바라밀 ┃ 바르게 판단하고 수행하는 완전한 힘을 성취함.
∘ 지바라밀 ┃ 중생을 깨달음으로 인도하는 완전한 지혜를
　　　　　　성취함.

이 가운데 지혜바라밀과 지바라밀의 차이는, 전자는 온갖 분별과 집착이 끊어진 상태이고, 후자는 온갖 분별과 집착이 끊어진 경지에 이른 후에 삶속에서 다시 차별 현상을 있는 그대로 확연히 알고 실천하면서 중생을 깨달음으로 인도하는 지혜이다. 후자를 유식학에서는 무분별(無分別)에 이른 후에 얻는 지혜라고 해서 무분별후득지(無分別後得智)라고 한다.

부동지(不動地) — 진리에 머물며 마음을 움직이지 않는 경지
"모든 마음 작용으로 분별하는 생각을 떠나 허공 같아 집착이 없고, 모든 현상의 허공 같은 성품에 들어가니, 이를 무생법인(無生法忍)이라 합니다.
불자여, 보살이 이 인(忍)을 성취하면 곧바로 제8 부동지(不動地)에 들어가 깊이 행하는 보살이 되는데, 알기 어렵고, 차별이 없고, 온갖 모습과 생각과 집착을 떠나고, 한량없고 끝없

는 모든 성문과 벽지불이 미칠 수 없고, 온갖 시끄러운 다툼을 떠나 적멸이 눈앞에 나타납니다."

- 80권본『화엄경』제37권, 「십지품(十地品)」

선혜지(善慧地) — 지혜로 가르침을 설하는 경지

"불자여, 보살이 이 선혜지(善慧地)에 머물러 큰 법사가 되어 법사의 행을 갖추고, 여래의 많은 가르침을 잘 지키고, 한량없는 방편의 지혜로 4무애지를 일으켜 보살의 말로 가르침을 설합니다. 이 보살은 항상 4무애지에 따라 나아가고 잠시도 버리지 않습니다.

무엇이 네 가지인가? 그것은 가르침에 걸림 없는 지혜[法無礙智], 뜻에 걸림 없는 지혜[義無礙智], 말에 걸림 없는 지혜[辭無礙智], 바라는 대로 설하는 걸림 없는 지혜[樂說無礙智]입니다.

이 보살은 가르침에 걸림 없는 지혜로 모든 가르침의 특징을 알고, 뜻에 걸림 없는 지혜로 모든 가르침의 차이를 알고, 말에 걸림 없는 지혜로 착오 없이 설하고, 바라는 대로 설하는 걸림 없는 지혜로 끊어지지 않고 설합니다."

- 80권본『화엄경』제38권, 「십지품(十地品)」

법운지(法雲地) — 지혜의 구름이 진리의 비를 내리는 경지

"불자여, 이 경지의 보살은 자기의 원력으로 대비(大悲)의 구름을 일으키고, 큰 가르침의 천둥을 치고, 환히 밝고 두려움

없음을 번갯불로 삼고, 복덕과 지혜를 빽빽한 구름으로 삼고, 갖가지 몸을 나타내어 두루 돌아다니고, 한 찰나에 시방의 백천억 나유타 세계의 티끌 수만큼 많은 국토에 두루 있으면서 큰 가르침을 설하여 악마와 원수를 굴복시킵니다. 또 이 수를 넘어서는 한량없는 백천억 나유타 세계의 티끌 수만큼 많은 국토에서 중생들의 마음이 좋아하는 것에 따라 감로의 비를 내려 중생들의 번뇌의 먼지와 불꽃을 소멸시킵니다. 그래서 이 경지를 법운지(法雲地)라고 합니다." (…)

초지는 서원, 2지는 지계(持戒)
3지는 공덕, 4지는 전일(專一)
5지는 미묘, 6지는 심심(甚深)
7지는 넓고 큰 지혜, 8지는 장엄

9지에는 미묘한 뜻을 생각하여
모든 세간의 도를 넘어서고
10지에는 모든 부처님의 가르침을 받아 지니니
이러한 수행 바다 끝내 마르지 않네.

– 80권본 『화엄경』 제38권, 「십지품(十地品)」

선재동자의 구도기

「입법계품(入法界品)」은 문수보살에 의해 발심한 선재동자가 보살의 가르침대로 53선지식을 찾아가서 보살도를 배우고, 보현보살의 서원과 행을 성취하여 법계에 들어간다는 줄거리이다. 문수보살의 가르침에 따라 덕운(德雲) 비구를 시작으로 하여 마지막에 보현보살을 만나게 된다.

그때 문수사리보살이 코끼리처럼 돌아서서 선재동자를 보고 이렇게 말했다.

"훌륭하고 훌륭하다. 선남자야, 그대가 이미 아뇩다라삼먁삼보리심을 내었고, 또 선지식들을 가까이 모시면서 보살행을 묻고 보살도를 닦으려 하는구나.

선남자야, 선지식들을 가까이 모시면서 공양하는 것이 모든 것을 꿰뚫어 아는 지혜를 갖추는 최초의 인연이니, 이 일에 힘들어하거나 싫증내지 마라."

선재가 말했다.

"오직 바라옵건대 성자여, 보살은 어떻게 보살행을 배우고, 어떻게 보살행을 닦고, 어떻게 보살행에 나아가고, 어떻게 보살행을 실천하고, 어떻게 보살행을 깨끗이 하고, 어떻게 보살행에 들어가고, 어떻게 보살행을 성취하고, 어떻게 보살행을 잘 따르고, 어떻게 보살행을 생각하고, 어떻게 보살행을 넓히고, 어떻게 보현행을 빨리 원만하게 하는지 저에게 자세히 말씀해

주십시오."

- 80권본『화엄경』제62권, 「입법계품(入法界品)」

그때에 이르러 선재동자가 보현보살의 온갖 수행과 서원 바다
를 차례로 얻어 보현보살과 같아지고 모든 부처님과 같아져서
한 몸이 모든 세계에 충만하여 나라도 같고, 행도 같고, 바른
깨달음도 같고, 신통도 같고, 법륜도 같고, 뛰어난 말솜씨도 같
고, 말도 같고, 음성도 같고, 힘과 두려움 없음도 같고, 머무는
곳도 같고, 대비(大悲)도 같고, 불가사의한 해탈과 자재함도 모
두 같았다.

- 80권본『화엄경』제80권, 「입법계품(入法界品)」

부처를 아는 법
마음은 화가와 같아
온갖 세간을 그려내나니
5온(蘊)도 여기에서 생겨나
지어내지 못하는 게 없네.

마음과 같이 부처도 그러하고
부처와 같이 중생도 그러하니
부처와 마음의 성품

한량없음을 알아야 하리.

온갖 세간을 두루 지어내는
마음 작용을 아는 이 있다면
그 사람은 바로 부처를 보아
부처의 참된 성품 꿰뚫게 되리.

마음은 몸에 머물지 않고
몸도 마음에 머물지 않으나
온갖 불사(佛事)를 지을 수 있나니
그 자재함은 가늠할 수 없네.

과거·현재·미래의 모든 부처를
분명히 알고자 한다면
모든 것은 마음이 지어냈다고
법계의 성품을 관해야 하리.

– 80권본 『화엄경』 제19권, 「야마궁중게찬품(夜摩宮中偈讚品)」

◎

대승 논서

대승 논서는 대승 경전을 주석하거나 그 경전의 주제 가운데 하나를 연구·정리·요약한 문헌이다. 『중론(中論)』의 『중송(中頌)』이나 『유식삼십론송(唯識三十論頌)』처럼 게송으로 된 간략한 것도 있지만, 『대지도론(大智度論)』(100권)이나 『유가사지론(瑜伽師地論)』(100권)처럼 방대한 것도 있다.

대승 논서들은 2세기 이후부터 대부분 승려들이 저술했는데, 유명한 논사(論師)로는 용수(龍樹, ⑤ Nāgārjuna 2-3세기)·미륵(彌勒, ⑤ Maitreya 4-5세기)·무착(無著, ⑤ Asaṅga 4-5세기)·세친(世親, ⑤ Vasubandhu 4-5세기) 등이 있다. 용수는 『중론』·『십이문론(十二門論)』·『회쟁론(迴諍論)』을 지었고, 미륵은 『유가사지론』을 지었다. 그리고 무착은 『섭대승론(攝大乘論)』·『현양성교론(顯揚聖敎論)』을 지었고, 세친은 『아비달마구사론(阿毘達磨俱舍論)』·『유식이십론(唯識二十論)』·『유식삼십론송』을 지었다.

대승의 본질을 밝힌 개론서

대승기신론

大乘起信論

◎

양(梁)의 진제(眞諦, ⓢ Paramārtha, 499-569)가 번역한 1권본과 당(唐)의 실차난타(實叉難陀, ⓢ śikṣānanda, 652-710)가 번역한 2권본이 있는데, 전자가 널리 읽힌다.

　대승기신론(大乘起信論)이라는 말은 '대승에 대한 믿음을 일으키는 논서'라는 뜻이다. 여기서 '대승'이란 소승에 대한 대승이 아니라 '진여(眞如)'이다. 따라서 이 논서는 '진여에 대한 믿음을 일으키게 하기 위해 쓰인 책'이다.

대승의 본질과 의미

대승은 크게 두 가지로 나누어 설명할 수 있다.

무엇이 두 가지인가?

하나는 대승의 본질이고, 둘은 대승의 의미이다.

대승의 본질은 중생의 마음이다. 이 마음은 모든 세간법과 출세간법을 포함한다. 이 마음에 의거하여 대승의 의미를 드러낼 수 있다. 왜 그러한가?

진여(眞如)의 마음이 대승의 본질을 바로 드러내고, 인연 따라 생멸하는 마음은 대승의 본질[體]과 특질[相]과 작용[用]을 드러내기 때문이다.

대승에서 대(大)의 의미에 세 가지가 있다.

무엇이 세 가지인가?

하나는 본질의 위대함이니, 모든 현상은 진여에서 나와서 평등하고 늘거나 줄지 않기 때문이다.

둘은 특질의 위대함이니, 여래장(如來藏)이 한량없는 성품의 공덕을 갖추고 있기 때문이다.

셋은 작용의 위대함이니, 모든 세간과 출세간의 선(善)한 인과를 생겨나게 하기 때문이다.

모든 부처가 본디 중생의 마음을 타고[乘], 모든 보살도 그 마음을 타고 여래의 경지에 이른다.

진여의 특징

일심(一心)에 의거하여 두 가지 측면이 있으니, 무엇이 두 가지인가?

하나는 진여의 마음이고, 둘은 생멸하는 마음이다. 이 두 측면이 각각 모든 현상을 포섭한다.

이것은 무슨 뜻인가?

이 두 측면은 서로 떨어질 수 없기 때문이다.

진여의 마음은 모든 현상에 두루 통하는 본질이고 본바탕이며, 마음의 본성은 불생불멸이다. 모든 현상은 오직 헛된 생각으로 차별이 있으니, 헛된 생각을 떠나면 온갖 경계는 없다. 그러므로 모든 현상은 본래 말을 떠나고 이름을 떠나고 분별을 떠나서 결국 평등하고 변화가 없고 파괴되지 않아 오직 일심이므로 '진여(眞如)'라고 한다.

온갖 말은 거짓 이름이어서 실체가 없고, 단지 헛된 생각에 따르는 것이므로 그것으로 얻을 수 있는 게 없다. '진여'라고 말하는 것도 있는 그대로의 모습이 아니니, 말의 궁극은 말로써 말을 버리는 데 있다. 이 진여의 본질은 버릴 게 없으니 모든 현상이 다 참되기 때문이고, 내세울 것도 없으니 모든 현상이 있는 그대로 다 동등하기 때문이다. 모든 현상은 말할 수도 없고 생각할 수도 없기 때문에 진여라고 한다는 것을 알아야 한다.

진여를 깨닫는 법

문_ 그렇다면 모든 중생이 어떻게 해야 진여를 깨달을 수 있는가?

답_ 비록 모든 현상을 말한다고 해도 말할 수도 없고 말할 만한 것도 없으며, 생각한다고 해도 생각할 수도 없고 생각할 만한 것도 없다는 것을 안다면, 이를 진여에 따르는 것이라 한다. 생각을 떠나면 이를 깨달음이라 한다.

공(空)과 불공(不空)

진여를 말로 분별하면 두 가지 뜻이 있다. 무엇이 두 가지인가? 하나는 여실공(如實空)이니, 궁극적으로 진실을 드러내기 때문이다. 둘은 여실불공(如實不空)이니, 진여 자체가 번뇌 없는 성품의 공덕을 갖추고 있기 때문이다.

이른바 공(空)이란 원래 온갖 번뇌와 함께하지 않기 때문에 모든 현상의 차별을 떠난 상태이다. 허망한 마음의 생각이 없기 때문이다.

진여의 본성은 유(有)도 아니고 무(無)도 아니며, 유가 아닌 것도 아니고 무가 아닌 것도 아니며, 유이면서 무인 것도 아니며, 같은 것도 아니고 다른 것도 아니며, 같은 것이 아닌 것도 아니고 다른 것이 아닌 것도 아니며, 같은 것이면서 다른 것도 아니라는 것을 알아야 한다.

총괄적으로 말하면 모든 중생에 헛된 마음이 있어서 생각마다 분별하여 모두 진여와 함께하지 않기 때문에 진여를 공(空)이라 하지만, 만약 헛된 마음을 떠나면 실은 공이라 할 것도 없다.

불공(不空)이란 진여 그 자체가 공이고 허망하지 않음을 이미 드러냈기 때문에 그 진여가 곧 진실한 마음이며, 항상 변하지 않고 청정으로 가득 차 있기 때문에 불공이라 한다. 또 진여에는 인식할 수 있는 특질이 없으니, 생각을 떠난 경계는 오직 깨달음과 함께하기 때문이다.

본각(本覺), 시각(始覺), 불각(不覺)

마음이 생멸하는 것은 여래장(如來藏) 때문이다. 이른바 불생불멸과 생멸이 화합하여 하나이지도 않고 다르지도 않으니, 이것을 아뢰야식(阿賴耶識)이라 한다. 이 식(識)에 두 가지 뜻이 있어서, 모든 현상을 포섭할 수도 있고, 모든 현상을 생성할 수도 있다. 무엇이 두 가지인가?

하나는 각(覺)이고, 둘은 불각(不覺)이다. 각은 마음의 본성이 생각을 떠났다는 뜻이다. 생각을 떠난 상태는 허공계와 같아 두루 하지 않는 곳이 없어 법계가 하나로 된 상태이니, 이것이 곧 여래의 평등한 법신(法身)이다. 이 법신을 본각(本覺)이라 한다. 왜냐하면 본각은 시각(始覺)에 대비해서 말한 것이니, 시각은 본각과 동일하기 때문이다. 시각은 본각에 의거하기 때문에 불각이 있고, 불각에 의거하기 때문에 시각이 있다고 말한다.

헛된 생각과 분별이 일어나지 않는 깨달음의 상태는 마치 허공과 같아 두루 하지 않는 곳이 없어 '하나'이고 법신이다. 중생의 마음이 본래부터 지니고 있는 이 법신을 본각(本覺)이라 하고, 수행으로 그 본각을 깨달으면 시각(始覺)이라 한다. 그래서 본각은 시각에 대비해서 말한 것이고, 시각은 본각과 동일하다고 했다. 본각이 이미 중생의 마음에 없다면 아무리 수행해도 시각이 있을 수 없다. 그런데 분별하고 차별하는 헛된 생각이 본각을 덮고 있기 때문에 그것을 깨닫지 못한다. 이것이 불각(不覺)이다. 본각을 가리고 있는 온갖 헛된 생각을 제거하여 청정한 본각이 드러나도록 하는 게 수행이다.

마음이 생멸하는 원인과 조건
마음이 생멸하는 인연은 중생이 진여의 마음을 바탕으로 해서 의(意)와 의식(意識)이 작용하기 때문이다. 이것은 무슨 뜻인가?
아뢰야식에 의해 무명이 있다고 말하고, 불각으로 마음이 일어나, 보고, 나타나고, 대상에 집착하고, 생각을 일으켜 그 생각이 계속 이어지기 때문에 '의(意)'라고 한다.

이 의에 다섯 가지 이름이 있으니, 무엇이 다섯인가?

하나는 업식(業識)이니, 무명의 힘으로 불각의 마음이 움직이기 때문이다.

둘은 전식(轉識)이니, 움직이는 마음에 의해 볼 수 있기 때문이다.

셋은 현식(現識)이니, 온갖 대상이 나타나는 것이 마치 밝은 거울에 온갖 빛깔과 형상이 나타나는 것과 같다. 현식도 그와 같이 색·성·향·미·촉이 다가와 곧 나타나는데 시간적인 앞뒤가 없다. 왜냐하면 언제든지 저절로 일어나 항상 앞에 있기 때문이다.

넷은 지식(智識)이니, 더럽다거나 깨끗하다고 분별하기 때문이다.

다섯은 상속식(相續識)이니, 생각이 계속 이어져 끊어지지 않기 때문이다. 한량없는 과거부터 지은 선악의 업을 간직하여 잃어버리지 않기 때문이고, 현재와 미래의 고락 등의 과보를 성숙시켜 인과에 어긋남이 없기 때문이다. 또 현재에 이미 겪은 일을 문득 생각하고, 미래의 일을 자기도 모르게 허망하게 생각한다. 그래서 3계(界)는 허망하고 거짓이며 오직 마음이 지은 것이니, 마음을 떠나면 색·성·향·미·촉·법의 대상도 없어진다. 이게 무슨 뜻인가?

모든 현상은 다 마음에서 일어난 것이고 헛된 생각으로 생긴 것이기 때문이다. 온갖 분별은 곧 자신의 마음이 분별하는 것이다. 그런데 마음은 마음을 볼 수 없으니, 인식 대상이 될 수 없다. 세간의 모든 대상은 다 중생의 무명과 헛된 생각에 의해 존재함을 알아야 한다. 그래서 모든 현상은 거울 속의 형상과 같아서 실체가 없고, 오직 마음이 만들어 낸 허상일 뿐이다. 마음이 생기면 온갖 현상이 생기고, 마음이 소멸하면 온갖 현상이 소멸하기 때문이다.

그 다음 의식(意識)은 상속식이 대상을 분별하는 마음 작용이다. 즉 범부들의 집착이 점점 깊어져 '나'와 '나의 것'을 생각하고, 갖가지로 허망하게 집착하고, 대상에 따라 마음이 움직여 색·성·향·미·촉·법을 분별하므로 의식이라 한다. 분리식(分離識)이라고도 하고, 분별사식(分別事識)이라고도 하는데, 이 식은 견해에 미혹한 지적 번뇌[見煩惱]와 애착으로 일어나는 정서적 번뇌[愛煩惱]에 의해 증대된다.

왜 마음에서 의(意)와 의식(意識)이 전개되는가? 그것은 바로 무명 때문이다. 진여와 생멸이 뒤섞인 아뢰야식에는 무명이 전제되어 있고, 이 무명에 의해 진여가 생멸하는 의와 의식으로 전개되는 것이다. 고요한 호수에 바람이 불어와 물결이 일듯이, 진여의 마음에 무명의 바람이 불어와 그 마음이 움직이기 시작한다. 그러니까 마음이 생멸하는 원인은 진여이고, 조건은 무명이다.

생멸하는 의는 다섯 가지 작용을 하는데, 하나는 무명에 의해 불각의 마음이 움직이고, 둘은 마음이 움직여서 인식 주관이 작용하고, 셋은 인식 주관에 의해 대상이 드러나고, 넷은 그 대상을 '좋다/나쁘다', '아름답다/추하다', '귀하다/천하다' 등으로 분별하고, 다섯은 그렇게 분별함으로써 과거와 현재와 미래에 걸쳐 생각이 끊임없이 일어나고 소멸하기를 반복한다.

모든 현상은 다 마음에서 생기고 온갖 분별은 실재하는 게 아니라 자신의 마음이 분별하는 것이니, 마음이 소멸하면 온갖 현상과 분별이 다 소멸한다.

의식은 상속식이 대상을 분별하는 마음 작용이므로 분리식(分離識)·분별사식(分別事識)이라고도 한다.

마음의 본바탕은 변하지 않는다

무명에 의해 일어나는 아뢰야식은 범부가 알 수 있는 것도 아니고, 2승(乘)의 지혜로 깨달을 수 있는 것도 아니다. 이는 보살이 처음 바른 믿음에서 발심하고 관찰하여 법신을 증득해도 조금 알 수 있고, 나아가 보살이 최고의 수행 경지에 이르더라도 다 알 수는 없으며, 오직 부처만이 완전히 알 수 있다. 왜 그러한가?

이 마음은 본래부터 자성이 청정하지만 무명에 오염되어 있고, 비록 오염되어 있다고 해도 본래 청정한 마음은 항상 변하지 않기 때문이다. 그래서 오직 부처만이 알 수 있다.

마음의 성품은 항상 무념(無念)이기 때문에 변하지 않는다. 모든 현상에 두루 통하는 본질을 꿰뚫지 못하므로 마음이 진여와 함께하지 못하고 문득 생각이 일어나는 것을 '무명'이라 한다.

아뢰야식(阿賴耶識)은 과거에 겪은 인식·행위·경험·학습 등을 저장하고 있는 마음 작용으로, 심층에 잠재하면서 미세하게 무의식으로 작용한다.

본디부터 갖추고 있는 청정한 마음은 변하지 않는다. 변하는 것은 그 마음에 담겨 있는 온갖 그릇된 생각과 감정이다. 마음을 비운다거나 버린다는 건 그 생각과 감정을 없앤다는 뜻이고, 집착하지 않는다는 건 그 생각과 감정에 얽매이지 않고 벗어난다는 뜻이다. 마음이 생각을 떠난 청정한 진여와 함께하지 않고 문득 생각을 일으키니, 이를 무명이라 한다.

마음 자체는 소멸하지 않는다

문_ 만약 마음이 소멸하면 어떻게 그 작용이 계속 이어지는가? 계속 이어진다면 어떻게 소멸이라 말할 수 있는가?

답_ 소멸한다는 것은 단지 마음의 그릇된 작용이 소멸하는 것이지, 마음 자체가 소멸하는 게 아니다. 마치 바람이 물에 의지하여 물결을 일으키는 것과 같다. 만약 물이 소멸하면 물결이 의지할 데가 없어 단절되지만, 물이 소멸하지 않기 때문에 물결은 계속 이어진다. 단지 바람이 소멸하기 때문에 물결은 따라 소멸하지만 물이 소멸하는 것은 아니다. 무명도 이와 같이 마음 자체에 의지해서 움직인다. 만약 마음 자체가 소멸하면 중생이 의지할데가 없어 단절되지만, 마음 자체가 소멸하지 않기 때문에 마음의 작용은 계속 이어진다. 단지 어리석음이 소멸하기 때문에 마음의 그릇된 작용은 따라 소멸하지만 마음의 지혜가 소멸하는 것은 아니다.

진여 수행

어떻게 해야 청정한 마음을 일으켜 끊어지지 않게 할 수 있는가?

진여가 무명에 스며들게 해야 한다. 물드는 인연의 힘이 있기 때문에 헛된 마음[妄心]으로 하여금 생사의 고통을 싫어하고 열반을 즐겨 구하게 한다. 이 헛된 마음에 생사를 싫어하고 열반을 구하는 인연의 힘이 있기 때문에 진여가 그 마음에 스며든다.

스스로 자신의 성품을 믿고, 마음이 허망하게 움직일 뿐 앞의 경계가 없다는 것을 알아 경계에서 벗어나는 법을 닦는다. 앞의 경계가 없다는 것을 확실히 알기 때문에 갖가지 방법으로 진여에 순응하는 수순행(隨順行)을 일으켜서 집착하지도 않고 생각하지도 않는다. 그리하여 오랫동안 스며들어 배게 한 힘에 의해 무명이 소멸하게 된다. 무명이 소멸하기 때문에 마음이 일어나지 않고, 일어나지 않기 때문에 경계가 소멸한다. 무명과 경계가 함께 소멸해서 마음의 그릇된 작용이 모두 없어지니, 열반을 얻고 저절로 중생을 교화하고 이롭게 한다.

청정한 마음을 오염된 마음으로 바꿔놓는 게 무명이고, 오염된 마음을 청정한 마음으로 바꿔놓는 게 진여이다. 따라서 청정한 마음으로 나아가려면 자신의 본성이 본래 불생불멸의 진여라는 것을 믿어야 한다. 그러면 진여에 무명의 바람이 불어와 마음이 움직이기 시작하여 인식 주관이 생기고 그 주관의 작용으로 대상이 나타나므로 그 대상은 허망한 분별에 의해 일어난 허상이라는 것을 자각하고, 그 대상에 집착하지도 않고 생각하지도 않는다. 이렇게 오랫동안 닦고 익힌 힘에 의해 무명과 대상이 함께 소멸하니, 진여만 남아 열반에 이른다.

네 가지 믿음

간략히 말해 신심(信心)에 네 가지가 있다.

무엇이 네 가지인가?

하나는 근본을 믿는 것이니, 이른바 진여를 믿고 즐겨 생각하는 것이다.

둘은 부처님에게 한량없는 공덕이 있다고 믿는 것이니, 항상 부처님을 생각하고 가까이 하여 공양하고 공경하며 선근(善根)을 일으켜 일체지(一切智)를 구하는 것이다.

셋은 부처님의 가르침에 큰 이익이 있다고 믿는 것이니, 항상 가르침을 생각하고 모든 바라밀을 수행하는 것이다.

넷은 승려가 바르게 수행해서 자리이타(自利利他)를 할 수 있다고 믿는 것이니, 항상 즐겁게 모든 보살을 가까이 하여 올바른 수행을 배우는 것이다.

마음 작용에 관한 서른 가지 노래

유식삼십론송

唯識三十論頌

1권 | 세친(世親, ⓢ Vasubandhu, 4-5세기)이 지었고, 당(唐)의 현장(玄奘, 602-664)이 번역했다. 유식학의 요점을 30개의 게송으로 밝힌 저술로, 마음의 작용을 여덟 가지로 분류했다.

마음의 구조

	① 안식(眼識)
	② 이식(耳識)
전5식(前五識)	③ 비식(鼻識)
	④ 설식(舌識)
	⑤ 신식(身識)
제6식	⑥ 의식(意識)
제7식	⑦ 말나식(末那識)
제8식	⑧ 아뢰야식(阿賴耶識)

안식에서 신식까지의 다섯 가지를 묶어서 전5식(前五識)이라 하고, 의식을 제6식, 말나식을 제7식, 아뢰야식을 제8식이라 한다.

전5식은 안(眼)·이(耳)·비(鼻)·설(舌)·신(身)의 감각기관으로 각각 색(色)·성(聲)·향(香)·미(味)·촉(觸)의 대상을 지각하는 마음 작용이다.

제6 의식은 의식 기능[意]으로 의식 대상[法]을 인식하는 마음 작용으로, 전5식과 말나식과 아뢰야식의 영향을 받아 지각과 인식이 일어나는 곳이다.

제7 말나식(末那識)의 말나(末那)는 ⑤ manas의 음사이고, '의(意)'라고 번역한다. 끊임없이 분별하고 생각하고 비교하고 헤아리는 마음 작용으로, 아치(我癡)·아견(我見)·아만(我慢)·아애(我愛)의 네 번뇌와 '항상' 함께 일어나는 자아의식이다.

제8 아뢰야식(阿賴耶識)의 아뢰야(阿賴耶)는 ⑤ ālaya의 음사로 '저장'을 뜻한다. 그래서 '장식(藏識)'이라 한다. 과거에 겪은 인식·행위·경험·학습 등을 저장하고 있는 마음 작용으로 심층에 잠재하고 있다. 과거의 경험들이 아뢰야식에 잠복 상태로 저장되어 있는 잠재력을 종자(種子, ⑤ bīja) 또는 습기(習氣, ⑤ vāsanā)라고 한다.

전5식과 제6식과 제7식은 제8식에 의지해서 일어나지만, 그들이 작용한 결과는 제8식에 종자로 저장된다. 그리고 전5식과 제7식과 제8식은 무의식적 작용이고, 제6식은 의식적 작용이다.

선입견이나 감정으로 보고 듣고 감각한다

5식은 근본식(아뢰야식)에 의지해서

조건에 따라 일어난다.

어느 때는 함께 일어나고 어느 때는 함께 일어나지 않는데

이는 파도가 물에 의지하는 것과 같다.

– 제15송

전5식은 말나식과 아뢰야식의 영향을 받기 때문에 바깥 대상을 있는 그대로 파악하지 못하고 자신의 선입견이나 감정으로 그 대상을 채색하여 자기 나름대로 지각한다. 사람마다 말나식과 아뢰야식이 다 다르기 때문에 어떤 대상에 대한 생각이나 감정이 천차만별일 수밖에 없다.

의식은 대상을 왜곡하고, 허상을 일으킨다

의식은 항상 일어난다.

마음의 작용이 소멸된 경지와

무심(無心)의 두 선정과

잠잘 때와 기절했을 때는 제외한다.

– 제16송

제6 의식의 내용은 말나식과 아뢰야식이 전5식을 거쳐서 의식에

작용하거나 그 두 식이 직접 의식에 작용한 결과이다. 전자는 말나식과 아뢰야식이라는 색안경으로 바깥 대상을 채색한 지각이고, 후자는 말나식과 아뢰야식을 바탕으로 한 상상이다.

에고의 근원은 말나식(未那識)이다

다음은 두 번째 마음 작용이다.

이것을 말나식(未那識)이라 하고

그것(아뢰야식)에 의지해서 일어나고 작용한다.

생각하고 헤아리고 따지는 것을 본질로 삼는다.

- 제5송

네 가지 번뇌와 항상 함께하는데

곧 아치(我癡)와 아견(我見)과

아만(我慢)과 아애(我愛)이다.

그 외에 감촉 등과도 함께한다.

- 제6송

선도 악도 아니지만 수행에 방해가 되는 번뇌이고

생존 상태에 따라 얽매인다.

아라한(阿羅漢)과 멸진정(滅盡定)과

출세간도(出世間道)에서는 (말나식이) 작용하지 않는다.

- 제7송

위의 게송에서 '다음은 두 번째 마음 작용이다.'라는 말은, 앞의 게송에서 아뢰야식에 대해 언급했고, 두 번째로 말나식에 대해 언급한다는 뜻이다.

말나식은 아뢰야식에 의지해서 일어나기 때문에 과거의 경험과 함께하고, 생각하고 헤아리고 비교하고 따지는 것이 본질이다. 말나식은 자신에 대해 어리석은 아치(我癡), 자신을 독립적인 존재라고 착각하는 아견(我見), 자신을 높이고 남을 낮추는 아만(我慢), 자신만 아끼고 소중히 여기는 아애(我愛)의 네 번뇌와 '항상' 함께 일어나고, 거기에 끝없이 집착하기 때문에 '에고'의 본 바탕이다.

위의 게송에서 밝혔듯이, 모든 번뇌를 완전히 끊어 열반을 성취한 아라한, 모든 마음의 작용이 소멸된 멸진정, 모든 번뇌를 떠난 출세간도에서는 말나식이 일어나지 않는다.

아라한은 에고가 소멸된 성자이다

이것(아뢰야식)은 선도 악도 아니고
그 작용도 또한 그러하다.
항상 유전(流轉)하는 것이 급류 같고
아라한의 경지에서 멈춘다.

　－ 제4송

아뢰야식은 너무나 미세하고 마음의 심층에 잠복된 상태에서 움직이기 때문에 감지할 수 없다. 그런데 잠복 상태에 있는 아뢰야식의 종자가 어떤 자극으로 의식에 떠오르면 탐욕·분노·고락·선악 등으로 나타난다. 비유하면 무슨 씨앗인지 잘 구별 되지 않는 좁쌀 같은 갖가지 씨앗이 바구니에 가득 담겨 있는데, 그 하나를 집어내어 물을 주면 싹이 돋아나 그 본색을 드러내는 것과 같다. 수행으로 그 온갖 종자가 다 말라 죽은 경지에 이른 성자가 아라한이다. 그러니까 말나식과 아뢰야식의 영향을 받으면 중생이고, 그 두 식의 작용이 소멸되면 아라한이다.

한 권으로 읽는 불교 고전

분별은 망상이고 집착이다

이래저래 분별함으로써
갖가지 대상을 두루 분별한다.
이 변계소집성(遍計所執性)은
실재하지 않는다.

– 제20송

의타기성(依他起性)의
분별은 조건에 의해서 생긴다.
원성실성(圓成實性)은 그것(의타기성)에서
앞의 것(변계소집성)을 멀리 떠난 성품이다.

– 제21송

이 3성(性)에 의거해서
3무성(無性)을 세운다.
그래서 부처님께서 모든 현상에는
자성이 없다고 본뜻을 말씀하셨다.

- 제23송

이것(원성실성)은 모든 현상의 궁극적인 이치이고
또 진여(眞如)이다.
불변하고 분별이 끊어진 상태이기 때문에
유식의 참다운 성품이다.

- 제25송

마음에 떠오르는 모든 현상은 온갖 분별에 의한 상상이고 채색된 지각이다. 이 마음 작용은 여러 조건에 의해 일어나므로 의타기성(依他起性)이다. 이 상상을 바깥에 실제로 존재한다고 착각하여 거기에 집착하고, 채색된 지각도 참모습이라고 착각하여 거기에 집착하는 게 변계소집성(遍計所執性)이다. 의타기성에서 변계소집성이 떨어져 나간 청정한 성품이 원성실성(圓成實性)이다. 즉 의타기성에 집착하는 게 변계소집성이고, 의타기성에 집착하지 않는 게 원성실성이다. 이 3성(性)에는 다 고유한 실체가 없다.

'나'와 '남'의 경계가 붕괴된 무분별의 지혜

마음이 없어 생각하거나 헤아리지 않으니

이는 출세간의 지혜이다.

주관과 객관을 버림으로써

문득 전의(轉依)를 증득한다.

- 제29송

이것은 번뇌가 없는 상태이고

불가사의하고 선(善)이고 불변이고

안락이고 해탈신(解脫身)이고

위대한 성자이니, 이를 법신(法身)이라 한다.

- 제30송

전의(轉依)는 번뇌에 오염되어 있는 여덟 가지 마음 작용이 청정한 상태로 변혁된다는 뜻이다. 전의는 온갖 분별이 끊어졌기 때문에 2분법의 언어로 표현할 수 없는, 스스로 체득한 내면의 깨달음이다. 상상과 허상이 일어나지 않고, 대상을 채색하지 않고 있는 그대로 직관하는 상태이다.

극단을 타파하는 중도의 논리

中論 중론

◎

4권 | 요진(姚秦)의 구마라집(鳩摩羅什, 344-413)이 번역했다. 『중론』은 「중송(中頌)」이라 불리는 용수(龍樹, ⑤ Nāgārjuna, 2-3세기)의 간결한 게송을 청목(青目, ⑤ Pin.gala, 4세기)이 풀이한 저술이다.

　기원 전후부터 반야부(般若部) 경전들이 성립되기 시작했는데, 이 경전들의 주제 가운데 하나가 공(空, ⑤ śūnya)이다. 이 공(空)을 체계적으로 정리한 사람이 용수이다. 그는 독립적으로 존속하는 실체와 고유한 본질과 고정된 경계를 부정하고, 서로 대립·의존하는 개념을 비판했다. 모든 현상은 서로 의존하여 일어나고 소멸하므로 공(空)이고 무자성(無自性)이고 중도(中道)이다. 중도는 '있다/없다', '같다/다르다', '온다/간다' 등의 두 극단을 연기(緣起)를 바탕으로 해서 비판한다는 뜻이다.

　「중송」은 27품 440여 수의 게송으로 구성되어 있는데, 흑백 논리로 서로 대립하거나 의존하는 상대 개념과 공존하는 사태와 2분법의 이론 등을 '중도의 논리'로 비판하여 해체시킨다. 즉 연기를 바탕으로 해서 흑백 논리의 두 극단을 모두 비판한다. 왜냐하면 서로 의존해서 발생하고 소멸하는 두 극단의 상대적 개념은 생각이 그은 경계일 뿐 실재하지 않는 허구이기 때문이다.

생기지도 않고 소멸하지도 않고

영원하지도 않고 단절되지도 않고

같지도 않고 다르지도 않고

오지도 않고 가지도 않는

연기를 설하여

온갖 말장난을 잘 소멸해 주셔서

설법자 가운데 제일이신 부처님에게

나는 머리 숙여 경례(敬禮)합니다.

– 제1 「관인연품(觀因緣品)」 제1-2게

연기를 수식하는 여덟 가지 부정 표현, 즉 8불(不)은 '불생불멸(不生不滅)·불상부단(不常不斷)·불일불이(不一不異)·불래불거(不來不去)'라는 네 쌍의 대구(對句)로 정리되고, '생멸(生滅)·상단(常斷)·일이(一異)·거래(去來)'는 흑백 논리의 두 극단을 오가는 우리의 사고 방식을 간략히 네 쌍으로 분류한 것이다.

　모든 2분의 경계는 어떤 대상이나 상태를 차별한 생각이나 감정의 대립이다. 그 대립의 한쪽은 다른 한쪽을 전제로 하고, 한쪽이 없으면 다른 한쪽도 없다. '많다'가 없으면 '적다'가 없고, '길다'는 '짧다'를 전제로 하고, '깨끗하다'는 '더럽다'와 대립하고, '나무'는 '나무 아닌 것'을 배경으로 하고, '꽃'은 '꽃 아닌 것'과의 분별이다.

이 2분의 분별과 대립은 언어의 결함이 아니라 언어의 본질이고 생각의 속성이다. 따라서 현상 그 자체는 어떠한 언어로도 표현할 수 없고, 다만 부정적으로 표현할 수밖에 없다고 용수는 주장한다. 그가 언어로 표현하고 규정하기를 거부하면서 부정에 부정을 거듭한 것은 언어의 맹점과 한계를 알았기 때문이다. 현상 그 자체에 관해서 무슨 말을 하든, 그것은 언어의 습관적인 분별에 지나지 않고, 현상 그 자체에 관해서는 어떠한 언급도 할 수 없다는 것이다.

따라서 「중송」은 어떤 체계를 갖춘 내용을 다룬 게 아니라 상대 개념과 고착 관념을 파기하여 거기에서 벗어나기 위해 부정에 부정을 거듭하는 게송이다. 만약 부정이 아닌 긍정으로 어떤 내용을 언급할 경우에는 언어의 허구성 때문에 또다시 비판의 대상이 될 수 있기 때문이다. 그래서 위의 '생멸·상단·일이·거래'는 연기한 것이므로 모두 부정하여 중도를 지향한다.

생김[生]에 대한 고찰

모든 현상은 스스로 생기지도 않고

다른 것으로부터 생기지도 않고

그 둘에서 함께 생기지도 않고

원인 없이 생기지도 않으므로

생김은 없다[無生]는 것을 알아야 한다.

– 제1 「관인연품(觀因緣品)」 제3계

현상은 스스로 생기지도 않고

다른 것으로부터 생기지도 않고

그 둘에서 함께 생기지도 않는데

어찌 생김이 있겠는가.

- 제21「관성괴품(觀成壞品)」 제12게

용수는 8불(不) 가운데 불생(不生)을 논증하기 위해 생김[生]을 스스로 생김, 다른 것으로부터 생김, 그 둘에서 함께 생김, 원인 없이 생김으로 나눈 후 이를 모두 비판한다. 예를 들어 '싹이 생긴다.'고 할 때, 싹이 스스로 싹을 생기게 하는 것도 아니고, 싹 아닌 것이 싹을 생기게 하는 것도 아니고, 싹과 싹 아닌 것에서 함께 싹을 생기게 하는 것도 아니고, 아무런 원인 없이 생기는 것도 아니므로 생김은 없다는 것이다. .

움직임에 대한 고찰

이미 가버린 것에 간다는 없고

아직 가지 않은 것에도 간다는 없고

이미 가버린 것과 아직 가지 않은 것을 떠난

지금 가고 있는 것에도 간다는 없다.

- 제2「관거래품(觀去來品)」 제1게

과거의 움직임은 이미 가버렸으므로 없고, 미래의 움직임은 아직 가지 않았으므로 없다. 현재의 움직임이란 절반은 이미 가버렸고, 나머지 절반은 아직 가지 않았으므로 그 움직임은 없다. 왜냐하면 이미 가버린 것과 아직 가지 않은 것 사이에 틈이 전혀 없어서 '지금 가고 있는 것'이 끼어들 수가 없기 때문이다. 그래서 현재의 움직임은 없다.

> 허깨비 같고 꿈 같고 신기루 같다.
> 앞에서 말한 생김과 머묾과 멸함도
> 그 특성이 이와 같다.
>
> – 제7 「관삼상품(觀三相品)」 제35게

여래에 대한 고찰

대승에서 여러 가지 불신론(佛身論)을 설하고 있지만 용수는 그것에 의해서는 여래(如來)를 볼 수 없다고 비판한다.

> 여래는 5음(陰)이 아니고
> 5음을 떠나지도 않는다.
> 여래 속에 5음이 있지도 않고
> 5음 속에 여래가 있지도 않다.
> 여래가 5음을 소유하지도 않는데

어디에 여래가 있겠는가.
- 제22「관여래품(觀如來品)」제1게

이와 같이 의존하는 작용도 공하고
의존하는 주체도 공하다.
공으로
어찌 공한 여래를 설할 수 있겠는가.

공은 말할 수 없고
공 아님도 말할 수 없고
공과 공 아님이 함께하든
공과 공 아님이 함께하지 않든
말할 수 없다.
다만 가명(假名)으로 말할 뿐이다.

적멸한 상태에는
영원하다든가 무상하다는 등의
네 가지 견해가 없고
적멸한 상태에서는 끝이 있다든가 끝이 없다는 등의
네 가지 견해가 없다.

그릇된 견해가 깊고 두터운 자는

여래가 없다 하고
여래의 적멸한 상태에 대해서도
있다거나 없다고 분별한다.

이처럼 자성(自性)이 공하므로
여래가 열반에 든 후에
있다거나 없다는 분별은
결코 성립하지 않는다.

여래는 분별을 떠났는데
사람들이 분별을 일으키니
분별로 혜안(慧眼)이 깨뜨려져
모두 여래를 보지 못한다.

여래의 자성이
곧 세간의 자성이다.
여래는 자성이 없으므로
세간도 자성이 없다.

– 제22「관여래품(觀如來品)」제10-16게

모든 현상은 무자성·공이므로 여래도 공이다. 그러므로 연기를
보는 것이 법을 보는 것이고, 그것이 그대로 여래를 보는 것이다.

위의 게송에서 '네 가지 견해'란 4구(句)를 말한다. 어떠한 판단이라 하더라도 4구에서 벗어나지 않는다. 즉 하나는 긍정이고, 둘은 부정, 셋은 긍정하면서 부정하는 것, 넷은 긍정하지도 않고 부정하지도 않는 것이다. 용수는 이 4구 각각에서 오류를 찾아내 두 극단을 비판하여 해체시킨다. 4구는 예를 들면 다음과 같다.

- 제1구 ┆ 죽음은 있다.
- 제2구 ┆ 죽음은 없다.
- 제3구 ┆ 죽음은 있기도 하고 없기도 하다.
- 제4구 ┆ 죽음은 있지도 않고 없지도 않다.

4구에서 '죽음은 있다.'는 제1구의 판단에 대해서는 '죽음은 없다.'고 제2구로 비판하고, 제1구와 제2구를 모두 비판할 때는 '죽음은 있지도 않고 없지도 않다.'고 제4구로 비판한다. 그리고 제1구와 제2구가 충돌할 때는 '진제(眞諦)에서는 제2구가 옳고 속제(俗諦)에서는 제1구가 옳다.'는 2제(諦)를 제시하는데, 이것은 '죽음은 있기도 하고 없기도 하다.'는 제3구가 된다.

그런데 제1구와 제2구만 판단이고, 제3구와 제4구는 판단이 아니라 사변가들의 말장난이다. 『중론』에서도 4구 모두를 비판하는 게송은 많지 않다. 제1구와 제2구만이 비판의 대상이 된다. 그래서 제1구와 제2구를 두 극단의 분별, 즉 '2변(邊)'이라 한다.

뒤바뀐 생각에 대한 고찰

색(色)·성(聲)·향(香)·미(味)·촉(觸)·법(法)

이 여섯 가지가 3독(毒)의 뿌리이다.

색·성·향·미·촉·법의 바탕은

모두 공하여

불꽃 같고 꿈 같고 신기루 같다.

이 여섯 가지에 어찌 깨끗함이나

더러움이 있겠는가.

마치 허깨비 같고

거울 속의 모습 같다.

깨끗함에 의존하지 않고는

더러움이 없고

깨끗함에 의존하여 더러움이 있나니

그러므로 더러움은 없다.

더러움에 의존하지 않고는

깨끗함이 없고

더러움에 의존하여 깨끗함이 있나니

그러므로 깨끗함은 없다.

깨끗함이 없다면
무엇으로 말미암아 탐욕이 있겠는가.
더러움이 없다면
무엇으로 말미암아 분노가 있겠는가.

무상한 것을 상주(常住)한다고 집착하는 것을
뒤바뀐 생각이라 한다.
공에 상주가 없는데
어디에 상주라는 뒤바뀐 생각이 있겠는가.

무상을 무상이라고 집착하는 것은
뒤바뀐 생각이 아니라고 하지만
공에는 무상도 없거늘
어찌 뒤바뀐 생각이 아니라는 게 있겠는가.

— 제23「관전도품(觀顚倒品)」제7-14게

온갖 2분의 분별과 감정이 갈등의 뿌리이다. '더럽다'는 생각 때문에 '깨끗하다'는 생각이 일어나고, '깨끗하다'는 생각을 염두에 두기 때문에 '더럽다'는 생각이 일어난다. 중생은 끊임없이 어느 한쪽에 집착하고 다른 한쪽에 저항한다. 그 두 생각이 없다면 어찌 탐욕이나 저항(분노)이 일어나겠는가. '깨끗하다/더럽다'는 헛된 생각일 뿐 모든 현상에는 그런 게 있을 수가 없고, 공(空)에는

2분의 분별과 감정이 용해되어 버렸다.

2제(諦)에 대한 고찰

모든 부처님께서는 2제(諦)로써
중생을 위해 설법하신다.
하나는 세속제(世俗諦)이고
다른 하나는 제일의제(第一義諦)이다.

2제를 구별하지 못하는 자는
깊은 불법(佛法)의 진실한 뜻을 알지 못한다.

세속제에 의하지 않고는
제일의제를 얻을 수 없고
제일의제를 얻지 않고는
열반을 얻을 수 없다.

- 제24 「관사제품(觀四諦品)」 제8-10게

분별이 끊어진 상태에서 있는 그대로 파악된 진리를 진제(眞諦, 제
일의제)라 하고, 분별과 차별로 인식한 진리를 속제(俗諦, 세속제)라
고 한다. 그리고 이 둘을 2제(諦)라고 한다. 속제는 중생의 분별적
사고에 맞추어 설한 가르침이고, 진제는 그 분별적 사고를 해체

시킨다.

속제에 의해 진제를 얻고, 진제에 의해 열반을 얻으므로 속제는 진제의 수단이고, 진제도 열반의 수단이다. 따라서 2제는 열반의 수단으로서의 구별이고, 열반은 2제 밖의 경지이다. 왜냐하면 언어로 표현한 열반은 열반 그 자체가 아니고, 열반 그 자체는 언어로 표현할 수 없기 때문이다. 그래서 용수는 부정에 부정을 거듭하고, 열반은 있는 것도 없는 것도 아닌 공이라고 설한다.

공에 대한 고찰

공(空)하기 때문에
모든 현상이 성립한다.
공하지 않다면
어떤 현상도 성립하지 않는다.
– 제24「관사제품(觀四諦品)」제14게

여러 인연으로 일어나는 것을
나는 공(空)이라 한다.
이것은 가명(假名)이고
또 중도(中道)이다.

일찍이 어떤 현상도

인연 따라 일어나지 않은 것이 없다.
그러므로 모든 현상은
공 아닌 것이 없다.

모든 것이 공하지 않다면
생멸은 없다.
그렇다면 4성제(聖諦)의 진리도 있을 수 없다.

- 제24 「관사제품(觀四諦品)」 제18-20게

만약 확고한 자성이 있다면
세간의 온갖 현상은
생기지도 않고 소멸하지도 않고
상주하여 허물어지지 않을 것이다.

만약 공하지 않다면
아직 획득하지 못한 것을 획득할 수 없고
번뇌도 끊을 수 없고
괴로움이 다 사라지는 일도 없을 것이다.

- 제24 「관사제품(觀四諦品)」 제38-39게

온갖 2분의 분별과 상대 개념은 헛된 생각이므로 이것을 파기하기 위해 공을 설했는데, 공에 집착하여 공견(空見)을 갖게 되면 이것 또한 헛된 생각이다. 그래서 공에 집착하면 공공(空空)으로 비판하고, 또 공공에 집착하면 공공역공(空空亦空)을 설한다. 그래서 용수는 다음의 게송을 읊었다.

위대한 성자께서
온갖 견해에서 벗어나게 하기 위해
공의 진리를 설하셨다.
그런데 다시 공이 있다는 견해를 갖는다면
어떤 부처님도 그를 교화하지 못한다.

– 제13「관행품(觀行品)」제9게

열반에 대한 고찰

획득하는 것도 아니고 도달하는 것도 아니며
단멸하는 것도 아니고 상주하는 것도 아니며
생기는 것도 아니고 소멸하는 것도 아닌 것을
열반이라 한다.

– 제25「관열반품(觀涅槃品)」제3게

온갖 인연에 집착하여
삶과 죽음을 되풀이하는 중에
그 온갖 인연에 집착하지 않는 것을

열반이라 한다.

불경에서 설했듯이
있다는 것도 끊고 없다는 것도 끊어야 한다.
그러므로 열반은
있는 것도 아니고 없는 것도 아님을 알아야 한다.

있는 것과 없는 것의
합이 열반이라면
있는 것과 없는 것이 바로 해탈이겠지만
이것은 옳지 않다.

- 제25 「관열반품(觀涅槃品)」 제9-11게

열반은 언어와 분별로써 가늠할 수 있는 게 아니다. 열반은 언어
저 편의, 언어의 그물에 걸리지 않는, 언어가 없어지고 분별이 끊
어진 무위(無爲)의 상태이므로 인식할 수도 없고 설명할 수도 없
다. 언어 자체가 2분법이기 때문에 언어로써는 두 극단을 떠난
중도의 열반에 미치지 못하는 것이다. 그래서 부처님께서 비구들
에게 "내 설법은 뗏목과 같다."고 한 것이다. 그러나 2분법이 함
몰해 버린 무분별의 상태에서는 열반조차 있을 수 없다. 그래서
용수는 부정하고 또 부정하여 열반까지도 부정한다.
　　용수는 다음의 게송으로 「중송」을 마무리했다.

온갖 그릇된 견해를 다 끊게 하기 위해

자비의 마음으로 진리를 설하신

성자 고타마에게

나는 머리 숙여 경례(敬禮)합니다.

– 제27 「관사견품(觀邪見品)」 제30게

◎

선사의 법어집

선종 제1조 보리달마(菩提達摩)를 비롯해서 조사선(祖師禪)과 5가7종(五家七宗), 그리고 간화선(看話禪)과 묵조선(默照禪)에 이르기까지 많은 법어집이 간행되었다. 그중에는 선사가 직접 저술한 것도 있고, 스승의 법어를 제자가 기록한 것, 공안집(公案集), 편집해서 저술한 것도 있다.

이 책에서 소개한 법어집 외에『임제록(臨齊錄)』·『전등록(傳燈錄)』·『벽암록(碧巖錄)』·『무문관(無門關)』등이 널리 알려져 있으나, 이것들은 선문답이나 공안에 대해 언급하고 있기 때문에 접근하기 어렵다.

『임제록』은 당(唐)의 임제의현(臨齊義玄, ?-867)의 언행(言行)을 그의 제자가 엮은 어록이고,『전등록』은 과거7불(過去七佛)에서 시작하여 인도에서 불법을 전승한 28명의 조사(祖師)와 중국의 6조(祖)를 거쳐 법안문익(法眼文益, 885-958)의 제자에 이르기까지 불법을 계속 이어 온 1,701명의 행적, 스승과 제자의 인연, 깨달음에 대한 문답, 어록을 집대성한 저술이다. 그리고『벽암록』은 100개의 공안에 대해 각각 요점을 밝히고 짤막한 논평과 상세한 해설을 하고 게송을 읊은 공안집이고,『무문관』은 48개의 공안을 선별하여 각각에 논평과 게송을 붙인 저술이다.

해탈에 들어서는 한 문

돈오입도요문론

頓悟入道要門論

◎

1권 │ 당(唐)의 대주혜해(大珠慧海)가 지었다. 혜해의 성(姓)은 주(朱)이고, 복건성 건주(建州) 출신이다. 절강성 월주(越州) 대운사(大雲寺) 도지(道智)에게 출가하고, 마조도일(馬祖道一, 709-788)을 6년 동안 사사(師事)하여 그의 법을 이어받았다. 『돈오입도요문론』을 지으니, 마조가 그것을 보고 대중에게 "월주에 큰 구슬[大珠]이 있으니, 둥글고 밝은 빛이 자재하게 비치어 막힌 데가 없도다."라고 한 데서 대주라고 불렸다.

『전등록(傳燈錄)』에는 1,701명의 선사들의 행적과 법문이 실려 있는데, 그 가운데 대주의 법문이 가장 많다.

어떤 법을 닦아야 해탈할 수 있는가

문_ 어떤 법을 닦아야 해탈할 수 있습니까?

답_ 오직 돈오(頓悟)의 한 방법만이 해탈할 수 있다.

문_ 어떤 것이 돈오입니까?

답_ 돈(頓)은 단박에 망념을 없애는 것이고, 오(悟)는 얻을 게 없음을 깨치는 것이다.

문_ 무엇부터 닦아야 합니까?

답_ 근본부터 닦아야 한다.

문_ 무엇이 근본입니까?

답_ 마음이 근본이다.

문_ 마음이 근본임을 어떻게 압니까?

답_ 『능가경』에 '마음이 생하면 온갖 현상이 생하고, 마음이 소멸하면 온갖 현상이 소멸한다.'고 했고, 『유마경』에 '정토에 이르려면 마음을 깨끗이 해야 하고, 그 깨끗한 마음에 따라 부처의 정토가 된다.'고 했고, 『유교경』에는 '오직 마음을 잘 다스리기만 하면 이루지 못할 게 없다.'고 했다. 또 어떤 경에는 '성인은 마음을 구하지 부처를 구하지 않고, 어리석은 사람은 부처를 구하고 마음을 구하지 않는다. 지혜로운 사람은 마음을 보살피고 몸만 보살피지 않고, 어리석은 사람은 몸만 보살피고 마음을 보살피지 않는다.'고 했고, 『불명경(佛名經)』에는 '죄는 마음 따라 생겼다가 마음 따라 소멸한다.'고 했다.

따라서 선악과 모든 것은 다 자기의 마음에서 생기므로 마음이 근본임을 알 수 있다. 그래서 해탈을 구하는 자는 먼저 이 근본을 알아야 한다. 이 이치를 분명히 알지 못하고 헛되이 바깥의 형상에서 구하면 그르친다. 『선문경(禪門經)』에 '바깥의 형상에서 구하면 몇 겁이 지나도 끝내 이룰 수 없고, 안으로 마음을 지속적으로 통찰하면 찰나에 깨달음을 증득한다.'고 했다.

문_ 근본을 닦으려면 어떤 법으로 닦아야 합니까?

답_ 오직 좌선하여 선정(禪定)에 들어야 한다. 『선문경』에 '부처님의 성스러운 지혜를 구하는 요점은 선정이다. 선정이 없으면 생각이 어지럽게 일어나 선근(善根)을 파괴한다.'고 했다.

문_ 어떤 것이 선(禪)이고, 어떤 것이 정(定)입니까?

답_ 망념이 일어나지 않음이 선이고, 앉아서 본성을 보는 게 정이다. 본성이란 그대의 생기지 않는 마음이고, 정이란 대상에 대해 무심하여 8풍(風)에 움직이지 않는 것이다. 8풍이란 이익과 손해, 모독과 명예, 칭찬과 조롱, 괴로움과 즐거움을 말한다.

부처의 마음이란 무엇인가

문_ 부처의 마음은 어떤 것과 비슷합니까?

답_ 그 마음은 푸르거나 누렇지도 않고, 붉거나 희지도 않고, 길거나 짧지도 않고, 가거나 오지도 않고, 더럽거나 깨끗하지도 않고, 생기거나 소멸하지도 않아 항상 편안하고 고요하다. 이것이 본심(本心)의 상태이고, 또 본신(本身)이다. 본신이란 곧 불신(佛身)이다.

무념이란 어떤 생각이 없는 것인가

문_ 이 돈오문(頓悟門)은 무엇을 근본[宗]으로 삼고, 무엇을 내용[旨]으로 삼고, 무엇을 본질[體]로 삼고, 무엇을 작용[用]으로 삼습니까?

답_ 무념(無念)을 근본으로 삼고, 망심(妄心)이 일어나지 않음을 내용으로 삼고, 청정을 본질로 삼고, 지혜를 작용으로 삼는다.

문_ 무념을 근본으로 삼는다고 하셨는데, 무념이란 어떤 생각이 없는 겁니까?

답_ 무념이란 그릇된 생각이 없는 것이고, 바른 생각이 없는 게 아니다.

문_ 무엇이 그릇된 생각이고, 무엇이 바른 생각입니까?

답_ 유(有)를 생각하고 무(無)를 생각하는 게 그릇된 생각이고, 유무를 생각하지 않는 게 바른 생각이다. 선을 생각하고 악을 생각하는 게 그릇된 생각이고, 선악을 생각하지 않는 게 바른 생각이다. 마찬가지로 고락(苦樂)·생멸(生滅)·취사(取捨)·원친(怨親)·증애(憎愛) 등을 생각하는 게 그릇된 생각이고, 고락 등을 생각하지 않는 게 바른 생각이다.

3학이란

문_ 3학(學)을 함께 닦는다고 하는데, 무엇이 3학이고 어떻게 함께 닦습니까?

답_ 3학이란 계(戒)·정(定)·혜(慧)이다.

문_ 계·정·혜란 무슨 뜻입니까?

답_ 청정하여 오염되지 않음이 계이고, 아는 마음이 동요하지 않아 대상을 마주해도 고요함이 정이다. 아는 마음이 동요하지 않을 때 동요하지 않는다는 생각이 일어나지 않고, 아는 마음이 청정할 때 청정하다는 생각도 일어나지 않으며 나아가 선악 등을 분별하지만 거기에 오염되지 않고 자재(自在)함이 혜이다. 계·정·혜의 본질을 알 수 없다는 것을 알 때, 곧 분별이 없어져 하나의 상태가 되니, 이 것이 3학을 함께 닦는 것이다.

과거와 현재와 미래가 없다

문_ 만약 마음이 머무는 데 없음[無住處]에 머물 때, 머무는 데 없음에 집착하는 게 아닙니까?

답_ 오직 공(空)이라고만 생각하면 집착할 데가 있을 수 없다. 만약 그대가 머무는 데 없는 마음을 명확히 알려면, 좌선할 때의 마음만 알고 온갖 사물을 생각하지 말고 온갖 선악도 생각하지 마라. 과거의 일은 이미 지나가 버렸으니 생각하지 않으면 과거의 마음이 저절로 끊어져 과거의 일이 없다고 하고, 미래의 일은 아직 오지 않았으니 원하지도 않고 구하지도 않으면 미래의 마음이 저절로 끊어져 미래의 일이 없다고 하고, 현재의 일은 이미 현재이니 온갖 일에 집착할 게 없는 줄 알 뿐이다. 집착하지 않는다는 건 미워하거나 사랑하는 마음을 일으키지 않는 것이다. 집착하지 않으면 현재의 마음이 저절로 끊어져 현재의 일이 없다고 한다. 과거·현재·미래를 거두어들이지 않으니, 또한 과거·현재·미래가 없다고 한다.

유와 무를 떠나면 부처를 본다

문_ 어떻게 하면 부처의 진신(眞身)을 봅니까?

답_ 유무(有無)를 보지 않으면 바로 부처의 진신을 본다.

문_ 어째서 유무를 보지 않으면 부처의 진신을 보게 됩니까?

답 _ 유(有)는 무(無)에 의해 세워지고, 무는 유에 의해 드러난다. 본디 유를 세우지 않으면 무도 있지 않으니, 이미 무가 있지 않는데 어디서 유를 얻을 수 있겠는가. 유와 무가 서로 의지해 있으니, 이미 서로 의지해 있으면 다 생멸이다. 다만 이 두 소견을 떠나면 바로 부처의 진신을 보게 된다.

진여의 성품

문 _ 진여의 성품은 공(空)입니까, 불공(不空)입니까? 만약 불공이라면 형상이 있는 것이고, 공이라면 단멸(斷滅)이니, 모든 중생은 어떻게 닦아야 해탈할 수 있습니까?

답 _ 진여의 성품은 공이면서 불공이다. 왜냐하면 진여의 묘한 본체는 형상이 없어서 지각할 수 없으므로 공이라 한다. 그러나 형상이 없는 본체 가운데 한량없는 작용을 갖추어 어떤 현상에도 응하지 않음이 없으므로 불공이라 한다. 경에 이르기를 '하나를 알면 천 가지가 따라오고, 하나에 미혹하면 만 가지에 미혹하게 된다.'고 했다. 만약 사람이 하나를 지키면 만 가지 일을 마치는 것이니, 이것이 도(道)를 깨닫는 묘안이다.

진정한 해탈

문_ 무엇이 해탈한 마음입니까?

답_ 해탈한 마음이 없고, 해탈한 마음이 없음도 없는 게 진정한 해탈이다. 경에 이르기를 '법도 버려야 하거늘 하물며 법 아닌 것이랴.' 했는데, 법이란 유(有)이고, 법 아닌 것이란 무(無)이다. 오직 유무(有無)를 취하지만 않으면 곧 진정한 해탈이다.

무엇이 중도인가

문_ 무엇이 중도(中道)입니까?

답_ 중간도 없고, 두 변(邊)도 없는 게 중도이다.

문_ 무엇이 두 변입니까?

답_ 저 마음, 이 마음이 곧 두 변이다.

문_ 무엇을 저 마음, 이 마음이라 합니까?

답_ 밖으로 형상과 소리에 얽매이면 저 마음이고, 안으로 망념을 일으키면 이 마음이다. 만약 밖으로 형상에 물들지 않으면 저 마음이 없어지고, 안으로 망념을 내지 않으면 이 마음도 없어지니, 이것이 두 변이 없음이다. 마음에 이미 두 변이 없는데 어찌 중간이 있겠는가. 이것을 중도라 하고, 진실한 여래의 도(道)라 한다. 여래의 도란 일체를 깨달은 사람의 해탈이다.

마음을 밝혀 닦는 비결

修心訣

수심결

◎

1권 | 고려의 지눌(知訥, 1158-1210)이 지었다. 지눌은 황해도 서흥(瑞興) 출신으로, 자호(自號)는 목우자(牧牛子)이다. 어려서 출가하여 17세에 수계하고 25세에 승과(僧科)에 합격한 후 개성 보제사(普濟寺)에서 정혜결사(定慧結社)를 발기했다. 33세에 팔공산 거조암(居祖庵)에서 「권수정혜결사문(勸修定慧結社文)」을 선포하고, 43세에 조계산 길상사(吉祥寺, 지금의 송광사)로 옮겨 정혜결사 운동을 계속하면서 선풍(禪風)을 크게 일으켰다.

지눌은 돈오점수(頓悟漸修)를 역설했는데, 『수심결』은 돈오점수를 밝힌 저술이다. 돈오(頓悟)는 자신과 부처가 조금도 다를 바 없다고 단박 깨닫는 자각이라 하고, 점수(漸修)는 오랫동안 익혀온 습관은 한 순간에 없애기 어려우므로 점차로 닦는 수행이라 전제한 다음, 깨닫는 방법으로는 자신이 바로 부처이므로 밖에서 찾지 말라고 강조하고, 점수하는 방법으로는 선정과 지혜를 함께 닦는 정혜쌍수(定慧雙修)를 권했다.

부처는 몸 안에 있다

부처를 구하려면 부처는 곧 마음이니, 마음을 어찌 멀리서 찾을 것인가. 이 몸을 떠나 따로 있지 않다. 육신은 일시적이어서 태어나기도 하고 죽기도 하지만, 참 마음은 허공과 같아서 끊어지지도 않고 변하지도 않는다. 그래서 '육신은 부서지고 흩어져 불로 돌아가고 바람으로 돌아가지만, 한 물건[一物]은 영원히 신령하여 하늘을 덮고 땅을 덮는다.'고 했다. (…)

문_ 만약 불성(佛性)이 현재 이 몸에 있다면, 이미 몸 안에 있으므로 범부를 떠날 리가 없는데, 왜 저는 지금 불성을 보지 못합니까? 다시 설명하여 깨닫게 해주십시오.

답_ 그대의 몸 안에 있으나 그대 스스로 보지 못할 뿐이다. 그대가 하루 종일 배고프거나 목마른 줄 알고, 춥거나 더운 줄도 알고, 성내거나 기뻐하는 건 결국 무엇 때문인가? 육신은 지(地)·수(水)·화(火)·풍(風)의 네 가지 인연이 모인 것으로 그 바탕은 무디고 감정이 없는데, 어찌 보고, 듣고, 느끼고, 알 수 있는가? 보고, 듣고, 느끼고, 아는 것이 그대의 불성이다. 그래서 임제(臨濟)는 '4대(大)는 법을 설하거나 듣지 못하고, 허공도 법을 설하거나 듣지 못한다. 오직 그대의 눈앞에 뚜렷이 밝지만 형상 없는 그것이 법을 설하고 들을 줄 안다.'고 했다. 형상 없는 것이란 모든 부처의 바탕이며, 또한 그대의 본래 마음이다. 바로 이렇게 불성이 그대의 몸에 있는데, 어찌 밖에서 헛되이 찾는가.

돈오와 점수의 뜻

문_ 스님께서는 돈오(頓悟)와 점수(漸修)의 두 문이 모든 성인
의 길이라 했고, 깨달음이란 돈오라고 했습니다. 그러면 왜
점점 더 닦을 필요가 있으며, 점점 더 닦아야 한다면 왜 돈
오라고 합니까? 돈오와 점수의 뜻을 다시 설명하여 남은
의심을 끊어주십시오.

답_ 돈오란, 범부가 미혹했을 때 4대(大)를 몸이라 하고 망상
을 마음이라 하여 자기의 성품이 법신(法身)인 줄 알지 못
하고, 자기의 신령한 마음이 부처인 줄 알지 못하여, 마음
밖에서 부처를 찾아 헤매다가 문득 선지식의 가르침으로
바른 길에 들어가 한 생각에 빛을 돌려 자기의 본성을 보
면, 이 성품에는 본래 번뇌가 없고 청정한 지혜가 본래부
터 스스로 갖추어져 있어 모든 부처와 털끝만큼도 다르지
않으므로 돈오라 한다.

점수란, 비록 본래의 성품이 부처와 다르지 않음을 깨달았
으나 오랫동안의 습기(習氣)는 한꺼번에 없애기 어려우므
로 깨달음에 의지해서 닦고 점차 익혀 공덕을 이루고, 오
래오래 성인의 태(胎)를 길러서 성인이 되므로 점수라고
한다. 비유하면, 아기가 처음 태어났을 때는 모든 기관이

어른과 다르지 않지만, 그 힘이 충실하지 못하고 어느 정도 세월이 지나야 비로소 어른이 되는 것과 같다.(…)

문_ 근기가 높은 사람은 들으면 쉽게 알지만 그렇지 못한 사람은 의혹이 없지 않으니, 다시 방편을 설하여 미혹한 사람들을 깨닫게 해주십시오.

답_ 도(道)는 알거나 모르는 데 속하지 않는다. 그대는 미혹을 가지고 깨닫기를 기다리는 마음을 버리고 내 말을 들어라. 모든 현상은 꿈 같고 허깨비 같고 요술 같다. 망념(妄念)은 본래 고요하고, 바깥 대상은 본래 공하다. 모든 현상이 다 공한 곳에는 신령한 마음이 어둡지 않으니, 이 공하고 고요하며 신령한 마음이 그대의 본래면목(本來面目)이고, 이것이 3세(世)의 모든 부처와 역대(歷代)의 조사와 천하의 선지식이 서로 은밀히 전한 진리이다.

선정은 본체요, 지혜는 작용이다

문_ 깨달은 후에 닦는 수행에 선정과 지혜를 고루 가진다는 뜻을 아직 잘 알지 못하겠습니다. 다시 자세히 설명하여 미혹을 없애고 해탈의 문으로 들어가게 해주십시오.

답_ 만약 법문의 뜻을 말한다면, 진리로 들어가는 천 가지 문이 선정과 지혜 아닌 것이 없다. 요점을 말하면 오직 자기 성품의 본체와 작용의 두 가지 뜻이니, 앞에서 말한 공하고 고요함과 신령한 마음이 그것이다.

선정은 본체이고, 지혜는 작용이다. 본체의 작용이므로 지혜는 선정을 떠나지 않고, 작용의 본체이므로 선정은 지혜를 떠나지 않는다. 선정이 곧 지혜이므로 고요하면서 항상 알고, 지혜가 곧 선정이므로 알면서 항상 고요하다.

선의 궁극을 설한 시문

信心銘 신심명

◎

1권 | 수(隋)의 승찬(僧璨, ?-606)이 간명하게 설한 중도(中道)의 법문이다. 승찬은 혜가(慧可, 487-593)에게 출가하여 그의 법을 이어받고, 선종(禪宗) 제3조가 되었다.

인간은 모든 현상을 '좋다/나쁘다', '깨끗하다/더럽다', '아름답다/추하다', '많다/적다', '크다/작다' 등으로 분별해서 인식한다. 이 대립하는 2분의 분별이 불안과 갈등과 괴로움의 뿌리다. 왜냐하면 마음이 그 분별의 어느 한쪽에 집착하거나 저항하기를 끝없이 반복하면서 요동하기 때문이다. 그러나 대립하는 두 극단은 실재하는 게 아니라 생각이나 감정이 그은 허구의 경계이다. 그 2분의 분별과 집착이 소멸된 무분별의 상태가 중도이고, 도(道)이다.

도(道)에 이르는 데는 어려움 없나니
다만 분별을 꺼릴 뿐
미워하거나 사랑하지만[憎愛] 않으면
확 트여 명백하리라.

(이 뜻에) 털끝만큼이라도 어긋나면
하늘과 땅만큼 벌어지니
도(道)가 눈앞에 나타나길 바라거든
따르거나 거스르지[順逆] 마라.

어긋남과 따름[違順]이 서로 다투는 건
마음의 병이니
(중도의) 깊고 묘한 뜻을 알지 못하고
부질없이 생각만 고요히 하려는구나.

(도는) 원만함이 허공과 같아서
모자람도 없고 남음도 없거늘
가지거나 버림[取捨]으로 말미암아
분별하도다.

유(有)의 인연도 따라가지 말고
공(空)의 진리에도 머물지 말지니

한 가지(중도)를 바르게 지니면

(두 변이) 저절로 없어지리라.

움직임을 멈추어서 멈춤으로 돌아가려 하면

멈춤이 다시 더 큰 움직임으로 되나니

두 변에 얽매여 있는데

어찌 한 가지를 알겠는가.

한 가지에 통하지 못하면

양쪽의 공덕을 다 잃어버리게 되니

유(有)를 버리면 유에 빠지고

공(空)을 좇으면 공을 등지게 된다.

말이 많고 생각이 많으면

더욱 더 일치하지 못하니

말이 끊어지고 생각이 끊어지면

통하지 않는 곳이 없다. (…)

두 견해에 얽매이지 말고

부디 애써 찾지 말지니

잠깐이라도 옳고 그름을 따지면

어지러이 뒤섞여 본마음을 잃는다.

둘은 하나로 말미암아 있으나
하나마저도 지키지 말지니
한 마음이 일어나지 않으면
모든 현상에는 허물이 없다. (…)

대도(大道)는 바탕이 넓어서
쉬움도 없고 어려움도 없거늘
좁은 견해로 여우 같이 의심하여
서두르면 더욱 더 더뎌진다.

도(道)에 집착하여 정도를 잃으면
그릇된 길로 들어가나니
그 집착을 놓아버리면 자연 그대로라
바탕에는 감도 머묾도 없다.

자신의 본성에 내맡겨 도(道)와 합치하면
한가하고 자유로워 저절로 번뇌 끊어지고
생각에 얽매여 진실과 어긋나면
혼미하고 침울하여 좋지 않느니라.

좋지 않으면 정신이 피곤하거늘
어찌 멀다거나 친하다고 하는가.

1승(乘)으로 나아가려 하거든
6진(塵)을 미워하지 마라.

6진을 미워하지 않으면
바로 정각(正覺)이라
지혜로운 자는 애써 할 게 없는데
어리석은 자는 스스로 얽매인다.

모든 현상에는 특별할 게 없는데
허망하게 스스로 애착하여
마음으로 마음을 쓰니
어찌 큰 착각이 아니겠는가.

미혹하면 고요함과 어지러움이 생기고
깨달으면 좋음과 미움이 없나니
모든 두 변은
생각하고 가늠하는 데서 생긴다.

꿈속의 허깨비와 허공의 꽃을
어찌 애써 잡으려 하는가.
얻음과 잃음, 옳음과 그름을
일시에 놓아버려라.

잠에서 깨어나면
온갖 꿈 저절로 사라지고
마음이 차별하지 않으면
만법은 하나니라. (…)

진여(眞如)의 법계에는
남도 없고 자기도 없나니
재빨리 함께하려고
불이(不二)를 말할 뿐이로다.

불이는 모두가 같아서
포용하지 않음이 없나니
시방의 지혜로운 자들은
다 이 궁극의 진리에 들어온다.

궁극의 진리는 짧거나 긴 것이 아니니
한 생각이 만년이요
있음과 있지 않음이 없어서
시방이 바로 눈앞이로다.

지극히 작은 것은 큰 것과 같아서
대립하는 경계가 다 끊어지고

지극히 큰 것은 작은 것과 같아서
그 끝과 겉을 볼 수 없느니라.

있음이 곧 없음이요
없음이 곧 있음이니
이와 같지 않다면
지켜서는 안 되느니라.

하나가 곧 일체요
일체가 곧 하나이니
오직 이렇게만 된다면
마치지 못할까 뭘 걱정하랴.

믿는 마음은 불이(不二)요
불이는 믿는 마음이니
언어의 길이 끊어져서
과거와 미래와 현재가 아니로다.

돈오견성의 교과서

六祖壇經

육조단경

◎

1권 │ 『육조단경』은 6조혜능(六祖慧能, 638-713)의 행적과 구도 과정 그리고 갖가지 법문과 문답을 수록한 책이다. 당(唐)의 법해(法海)가 엮은 돈황본(敦煌本) 『육조단경』의 본 이름은 『남종돈교최상대승마하반야바라밀경6조혜능대사어소주대범사시법단경(南宗頓敎最上大乘摩訶般若波羅蜜經六祖慧能大師於韶州大梵寺施法壇經)』인데, 여기에 『육조단경』의 요점이 드러나 있다.

'남종(南宗)'은 대통신수(大通神秀, ?-706)의 북종(北宗)과 대칭되는 말이고, '돈교(頓敎)'는 북종이 점오(漸悟)를 근본 가르침으로 하는 데 반해 돈오(頓悟)를 근본 가르침으로 한다는 것이다. '최상대승(最上大乘)'은 최상의 큰 가르침, 즉 돈오를 뜻한다. '마하반야바라밀경(摩訶般若波羅蜜經)'은 『금강경』을 가리키고, '6조혜능대사(六祖慧能大師)'와 '소주대범사(韶州大梵寺)'는 『육조단경』을 설한 혜능과 그것을 주로 설한 광동성 소주 대범사이다. '시법단(施法壇)'은 법을 설하는 단(壇)이고, 혜능의 법문은 경전과 같은 권위를 지닌다는 뜻에서 '경(經)'이라 했다.

혜능대사가 대범사 강당의 높은 자리에 올라 마하반야바라밀법을 설하고 무상계(無相戒)를 줄 때, 그 자리 아래에 1만여 명의 대중이 있었다.

– 돈황본(敦煌本) 『육조단경』

얽매이지 않고 마음을 내라

혜능대사가 말했다.

"선지식들아, 나의 법문은 예로부터 모두 무념(無念)을 주된 요지로 하고, 무상(無相)을 본질로 하며, 무주(無住)를 근본으로 한다.

어떤 것을 무상이라 하는가? 무상이란 차별 속에 있으면서 차별을 떠난 것이다.

무념이란 생각 속에 있으면서 생각하지 않는 것이다.

무주란 사람의 본성이 찰나마다 얽매이지 않는 것이다. 앞 찰나와 지금의 찰나와 다음 찰나가 찰나마다 연속으로 이어져 단절되지 않는다. 만약 한 찰나에 단절되면 법신은 육신을 떠나게 된다. 찰나마다 어떤 생각이 일어나도 그 어디에도 얽매이지 않는다. 한 찰나라도 얽매이게 되면 모든 찰나에 얽매이게 되니, 이것을 속박이라 한다. 모든 것에서 어떤 찰나에도 얽매이지 않으면 속박이 없으니, 그래서 무주를 근본으로 삼는다. (…)

이 가르침의 문은 무념을 주된 요지로 한다. 세상 사람들은 견해를 떠나고 생각을 일으키지 않는다고 하나 생각이 전혀 없다면 무념도 세울 수 없다.

'무(無)'는 무엇이 없다는 것이고, '념(念)'은 무엇을 생각한다는 것인가? '무'란 두 가지 차별이 없고 번뇌에 시달리는 마음이 없다는 뜻이고, '념'이란 진여(眞如)라는 본성을 생각하는 것이다. 진여는 생각[念]의 본질이고, 생각은 진여의 작용이다. 진여라는 본성에서 생각을 일으켜 비록 보거나 듣거나 느끼거나 알더라도 온갖 경계에 물들지 않아 항상 자재하다."

– 돈황본(敦煌本) 『육조단경』

무념(無念)이란 아무런 생각이 없다는 뜻이 아니라 생각을 떠나지 않으면서 그 생각에 얽매이지 않고, 물들지 않고, 집착하지 않는다는 뜻이다. 그래서 '생각 속에 있으면서 생각하지 않는다.'고 했다. 이 무념이 지혜의 완성, 곧 반야바라밀(般若波羅蜜)이다. 생각을 일으켜 비록 보거나 듣거나 느끼거나 알더라도 그것에 오염되지 않아 항상 자유롭고, 대립하는 2분법이 모조리 사라져 생각이 더 이상 갈 곳이 없는 게 무념이다.

무상(無相)에서 상(相)은 '차별'이라는 뜻이다. '차별 속에 있으면서 차별을 떠난다.'는 것은 대립과 차별 속에 있으면서도 어느 쪽에도 얽매이지 않고, 물들지 않고, 집착하지 않는다는 뜻이다.

온갖 차별 현상에 얽매이지 않는 것이 무주(無住)다. 모든 찰나에 대상이 이어지지만 대상과 단절하지도 않고 얽매이지도 않고 속박되지도 않는 것이다.

선종에서『금강경』의 '어디에도 얽매이지 않고 그 마음을 내야 한다[應無所住而生其心].'는 구절이 자주 인용되는 것은 혜능의 법문에 기인한다. 그래서 달마가 혜가에게 4권『능가경』을 전한 이래로, 이 경이 선종의 근본 경전으로 이어져 오다가 혜능 이후에는『금강경』이 근본 경전으로 되었다.

'어디에도 얽매이지 않고 그 마음을 내야 한다.'는 마음을 일으키되 형상·소리·냄새·맛·감촉·의식 내용에 얽매이지 않고, 남에게 베풀되 베푼다는 생각을 갖지 않고, 남에게 가르쳐 주되 가르쳐 준다는 생각을 갖지 않는다는 뜻이다.

무엇을 좌선이라 하는가?
이 법문에는 막힘도 없고 걸림도 없다. 밖으로는 온갖 경계에 있어도 망상이 일어나지 않는 것을 좌(坐)라 하고, 안으로 자신의 흔들리지 않는 본성을 보는 것을 선(禪)이라 한다.

– 돈황본(敦煌本)『육조단경』

'흔들리지 않는 본성을 본다.'는 것은 견성(見性)을 말한다. 혜능은 좌선을 중시했던 이전의 선법에서 나아가 온갖 경계에 물들지 않아 자신의 청정한 성품이 항상 자재하고, 마음을 일으켜 대상 속에서 움직여도 그것에 속박되지 않고, 가거나 머물거나 앉거나 늡거나 항상 곧은 마음[直心]이 드러나는 것을 선(禪)이라 했다.

『육조단경』의 핵심은 자성(自性), 즉 자신의 본래 청정한 성품을 단박에 꿰뚫어 보아 깨닫는 돈오견성(頓悟見性)이다.

단박에 깨닫는 법

돈오의 가르침을 듣고서 자성(自性) 밖에 의지해서 수행하지 않고, 오직 자기 마음에서 자신의 본성이 항상 바른 견해를 일으키도록 하면, 번뇌에 시달리는 중생이 바로 모두 깨달을 것이다. 마치 바다가 온갖 강물을 받아들여 작은 물과 큰물이 하나로 합쳐지는 것과 같다. 이것이 곧 견성(見性)이다. (…)

모든 것이 다 자신의 마음속에 있거늘 어찌 그곳에서 진여(眞如)의 본성을 단박에 보지 못하는가. (…)

나는 홍인(弘忍)화상의 처소에서 한 번 듣고 그 말끝에 크게 깨쳐 진여의 본성을 단박에 보았다. 그래서 이 교법을 후대에 널리 퍼뜨려 도를 배우는 이에게 각자 마음을 관조해서 자신의 본성을 단박에 깨치게 했다.

- 돈황본(敦煌本)『육조단경』

자성은 자신의 청정한 본성이고, 자기 안의 부처이다. 이것을『육조단경』에서는 자성불(自性佛)이라 한다. 본래 청정한 이 자성을 깨닫는 게 견성이고, 이 견성이라는 한 가지 방법으로 깨달음과 수행이 단박 동시에 이루어지는 것, 이것이 돈오돈수(頓悟頓修)이다.

혜능은 반야바라밀의 실천과 더불어 무상계(無相戒)를 설하고 있는데, 이 무상계는 무념·무상·무주에 의거해서 형식적인 장엄이나 의례를 배척하고, 자신의 청정한 성품에 귀의하는 것이다.

자신 속의 3신불을 보아라

모두 자신의 몸으로 무상계를 받도록 하라. 모두 나를 따라 말하라. 자신의 3신불(三身佛)을 보게 하리라.

'내 육신의 청정한 법신불(法身佛)에 귀의하고,
내 육신의 천백억 화신불(化身佛)에 귀의하고,
내 육신의 원만한 보신불(報身佛)에 귀의합니다.'라고 하라.
(이상 세 번 반복함)

육신은 집과 같다. 3신(身)으로 돌아간다고 말할 수 없는 까닭은 그것이 자신의 성품 속에 있기 때문이다. 누구에게나 다 있으나 어리석어 보지 못하고 밖에서 3신을 찾는다. 그래서 자신의 육신 속에 있는 3신불을 보지 못한다.(···)
무엇을 청정한 법신이라 하는가? 세상 사람의 성품은 본래 청정하고, 모든 것은 다 그들의 자성에 있다. 악한 일을 생각하면 악에 따라 행하게 되고, 선한 일을 생각하면 선한 행을 닦게 된다. 이와 같이 모든 법이 다 자성에 있다는 것을 안다면, 자성은 항상 청정할 것이다. (…)

무엇을 천백억 화신불이라 하는가? 생각하지 않으면 자성은 텅 비어 고요하지만 무슨 생각이든 일어나면 곧바로 자성은 변화한다. 악한 법을 생각하면 자성은 변화하여 지옥이 되고, 선한 법을 생각하면 천당이 된다. 남을 해치려는 생각은 축생이 되고, 자비로운 생각은 보살이 된다. (…)

법신에 따라 생각하는 작용이 화신이고, 생각마다 선하면 보신이다. 이 도리를 스스로 깨닫고 스스로 닦는 것을 귀의라고 한다.

– 돈황본(敦煌本) 『육조단경』

일심에 대한 법문

傳心法要

전심법요

◎

1권 | 본 이름은 『황벽산단제선사전심법요(黃檗山斷際禪師傳心法要)』이다. 당(唐)의 배휴(裴休, 797-870)가 842년에 강서성 종릉(鍾陵) 관찰사(觀察使)로 부임했을 때, 황벽희운(黃檗希運)을 용흥사(龍興寺)에 모시고 조석으로 그의 가르침을 받았는데, 그 가르침을 배휴가 기록한 법어집이다.

황벽희운은 복건성 복주(福州) 출신으로, 임제의현(臨濟義玄, ?-867)의 스승이다. 복주 황벽산에 출가하고, 백장회해(百丈懷海, 749-814)를 사사(師事)하여 그의 법을 이었다. 시호는 단제선사(斷際禪師)이다.

온갖 분별이 끊어져 '하나'다

황벽이 배휴에게 말했다.

"모든 부처와 중생은 오직 일심(一心)이고, 전혀 다른 게 없다. 이 마음은 애당초 생긴 적도 없고 소멸한 적도 없다. 마음은 푸르거나 누렇지도 않고, 형상이나 모양도 없고, 있다거나 없다는 데 속하지도 않고, 새것이거나 헌것도 아니고, 길거나 짧지도 않고, 크거나 작지도 않고, 모든 한계와 이름과 말과 흔적과 대립을 벗어났다. 그저 이것일 뿐이니, 생각을 움직이면 곧 어긋난다. 마치 허공과 같아서 끝이 없으니 가늠할 수가 없다.

오직 이 일심이 부처이고, 부처와 중생은 전혀 다르지 않다. 다만 중생이 형상에 집착하여 밖에서 구하니, 구하면 구할수록 도리어 더욱 잃을 것이다. 부처가 부처를 찾고, 마음이 마음을 잡으려 하니, 아무리 오랜 세월이 지나도 끝내 얻을 수 없다. 그런데 중생은 생각을 쉬면 부처는 저절로 나타난다는 걸 모른다. (…)

단지 일심을 깨달으면 조그만 것도 전혀 얻은 게 없으니, 이것이 참된 부처이다. 부처와 중생은 일심이어서 다름이 없다. 마치 허공과 같아 뒤섞이거나 무너지지도 않고, 해와 같아 온 천하를 비춘다. 해가 뜨면 밝음이 천하에 두루 하지만 허공은 밝은 적이 없고, 해가 지면 어둠이 천하에 두루 하지만 허공은 어두운 적이 없다. 밝음과 어둠이 서로 교차하지만 허공의 성품은 텅 비어서 변함이 없으니, 부처와 중생의 마음도 이와 같다. (…)

마음이 저절로 무심(無心)해지면 무심이라는 것도 없어진다. 허나 마음으로 무심하려면 도리어 유심(有心)이 된다. 묵묵히 합치할 뿐이니, 모든 생각과 말이 끊어졌으므로 '언어의 길이 끊어지고, 마음 작용이 소멸했다[言語道斷 心行處滅].'고 한다. 이 마음이 누구나 다 갖고 있는 본래 청정한 부처이다. (…)

본래 청정한 마음은 항상 스스로 원만히 밝아서 두루 비추고 있지만, 사람들이 그것을 깨닫지 못하는 것은 단지 보고 듣고 감각하고 아는[見聞覺知] 작용을 마음이라고 생각하기 때문이다. 보고 듣고 감각하고 아는 데 덮인 까닭에 맑고 밝은 본래의 성품을 보지 못한다. 단지 바로 무심하기만 하면 본래의 성품이 저절로 나타나나니, 마치 해가 허공에 떠서 아무런 장애 없이 온 누리를 비추는 것과 같다.

구하지 않고 집착하지 않는 것, 이것뿐이다

도(道)를 배우는 사람이 성불하고자 한다면 어떤 불법(佛法)도 전혀 배울 필요가 없다. 오직 구하지 않고 집착하지 않는 것만 배우면 된다. 구하지 않으면 마음이 일어나지 않고, 집착하지 않으면 마음이 소멸하지 않는다. 일어나지도 않고 소멸하지도 않는 게 부처다. (…)

과거의 마음을 인식할 수 없다는 것은 과거를 버린 것이고,
현재의 마음을 인식할 수 없다는 것은 현재를 버린 것이고,
미래의 마음을 인식할 수 없다는 것은 미래를 버린 것이니,
이것은 이른바 3세(世)를 다 버린 것이다.

망상을 없애는 법

문_ 망상이 자신의 마음을 가로막으면, 무엇으로 망상을 없
애닙니까?

답_ 망상이 일어나는 것도 망상을 없애려는 것도 또한 망상
이다. 망상은 본디 뿌리가 없다. 단지 분별로 인해서 있는
것이니, 그대가 다만 '속되다', '성스럽다'는 두 감정만 없
애면 자연히 망상은 없어진다.

하룻밤에 얻은 선의 정수

證道歌 증도가

◎

1권 │ 당(唐)의 영가현각(永嘉玄覺, 665-713)이 읊은 깨달음의 노래이다.

현각은 절강성 온주(溫州) 영가(永嘉) 출신으로, 어려서 온주 용흥사(龍興寺)에 출가하고, 천태(天台)의 지관(止觀)에 정통했다. 조계(曹溪)의 혜능(慧能, 638-713)을 찾아가 문답하여 인가(印可)를 받고, 혜능의 권유로 그의 처소에서 하룻밤을 묵었다고 하여 '일숙각(一宿覺)'이라 불린다. 시호는 무상대사(無相大師)이고, 어록으로『선종영가집(禪宗永嘉集)』이 있다.

더 닦을 게 없어 그냥 한가한 도인(道人)은
망상도 없애지 않고 진실도 구하지 않나니

무명의 참 성품이 바로 불성(佛性)이요
허깨비 같은 빈 몸이 바로 법신

그 법신을 깨달으면 하나의 그 무엇도 없나니
근원의 자성이 천진불(天眞佛)이로다.

5음(陰)의 뜬구름은 부질없이 오가고
3독(毒)의 물거품은 헛되이 출몰하는데

있는 그대로의 참모습을 증득하여 주관과 객관이 없어지니
찰나에 아비지옥의 업보가 소멸하도다.

거짓말로 중생을 속인다면 영원토록
발설지옥(拔舌地獄)의 과보를 자초하리라.

여래선(如來禪)을 단박에 깨치니
6바라밀의 온갖 행이 본체 속에 원만하고

꿈속에선 분명히 6취(趣)가 있더니

깨친 후엔 대천세계가 없도다.

죄와 복이 없고 손해와 이익도 없나니
적멸한 성품 가운데선 묻지도 찾지도 마라.

얼마 전에는 거울에 낀 때 닦지 못했는데
오늘에야 분명히 닦았도다. (…)

4대(大)를 놓아버려 집착하지 않고
적멸한 성품 속에서 먹고 마시고

모든 마음 작용이 무상하고 일체가 공하니
이는 곧 여래의 크고 원만한 깨달음이로다.

명백한 말은 진정한 수행승의 표현인데
어떤 사람은 수긍하지 않고 감정에 따라 캐물으나

근원을 단번에 끊음이 부처의 특징이니
가지 찾고 잎 따는 일은 내 할 일 아니로다.

마니주(摩尼珠)를 사람들은 알지 못하는데
여래장 속에서 몸소 거두어들여야 하리.

6근(根)의 묘한 작용은 공이면서 공이 아니고
한 덩이 원만한 빛은 색이면서 색이 아니로다.

5안(眼)을 깨끗이 하여 5력(力)을 얻음은
증득해야만 알 뿐 가늠하긴 어려운 일

거울 속의 형상을 보기는 어렵지 않으나
물속의 달을 잡으려 하니 어찌 잡을 수 있으랴.

항상 홀로 다니고 홀로 걸으나
통달한 자와는 함께 열반의 길에서 노닐고

곡조가 예스럽고 정신은 맑고 풍채는 절로 높은데
얼굴은 핼쑥하고 뼈만 앙상해서 사람들이 돌아보지 않는구나.

궁색한 석가의 제자는 입으로 가난하다 하지만
실은 몸은 가난해도 도(道)는 가난하지 않나니

가난하여 몸에 항상 누더기 걸치고
도를 얻어 값을 매길 수 없는 보배를 감추었는데

그 보배 아무리 써도 끝이 없어

중생의 근기에 따라 이롭게 해도 전혀 아까울 게 없네. (…)

강과 바다를 떠돌고 산과 개울을 넘나들면서
선지식을 찾아 도(道)를 묻는 게 참선이라

조계(曹溪)의 길을 알고 나서는
생사와 상관없음을 분명히 알았나니

다녀도 참선이고 앉아도 참선이어서
어묵동정(語默動靜)에도 본체는 편안함이로다. (…)

얼마나 태어났고 얼마나 죽었던가.
태어남과 죽음은 길고 길어 그침이 없는데

단박에 깨쳐 태어남이 없음[無生]을 확연히 알았으니
온갖 영욕에 어찌 근심하고 기뻐하랴. (…)

한 성품이 모든 성품에 걸림 없이 원만하게 통하고
한 법이 모든 법을 두루 품고

한 달이 모든 물에 두루 나타나고
모든 물의 달이 한 달에 포함되듯이

모든 부처의 법신이 나의 성품에 들어오고
나의 성품이 다시 여래와 합치하도다.

한 경지에 모든 경지 원만히 갖추니
색(色)도 아니고 마음도 아니고 행업(行業)도 아니로다.

손가락 튀기는 사이에 8만 법문 원만히 이루고
찰나에 3아승기겁을 없애버리도다. (…)

20공(空)에 원래 집착하지 않으니
한 성품이 여래의 본체와 저절로 같도다.

마음은 뿌리요 법은 티끌
둘은 거울에 낀 자국 같나니

그 땟자국 다 없어지면 비로소 빛이 나타나듯이
마음과 법 둘 다 없어지면 성품 그대로 참이로다. (…)

나는 어려서부터 학문을 쌓아서
주석을 더듬고 경론을 살폈나니
쉴 새 없이 이름과 특징을 분별하여
바닷가의 모래 헤아리듯 헛되이 스스로 피곤하였다.

문득 여래의 호된 꾸지람을 들었으니
남의 보배 세어서 무슨 이익 있겠는가.

이제까지 길을 잃고 헛된 수행했음을 깨닫고 나니
여러 해 부질없이 먼지만 일으킨 나그네였네. (…)

내 이제 여의주를 해설하니
믿고 받아들이는 자는 모두 함께하리라.

밝고 뚜렷하게 보면 하나의 그 무엇도 없나니
사람도 없고 부처도 없도다.

대천세계는 바다의 거품이요
모든 성현은 스쳐가는 번갯불과 같도다.

설령 무쇠 바퀴를 머리 위에서 돌릴지라도
선정과 지혜는 원만하고 밝아서 끝내 변하지 않는다.

해를 차갑게 하고 달을 뜨겁게 할 수는 있어도
온갖 악마가 참된 말씀을 부술 수는 없느니라.

찾아보기

ㄱ

갈애(渴愛) _ 78

견성(見性) _ 339, 340

결집(結集) _ 11

계(戒) _ 105, 317

계학(戒學) _ 105

고(苦) _ 100

고고(苦苦) _ 100

고제(苦諦) _ 76

공(空) _ 193, 294

공처정(空處定) _ 131

괴고(壞苦) _ 100

9차제정(九次第定) _ 132

9품왕생 _ 140

ㄴ

능엄주(楞嚴呪) _ 175

ㄷ

담마파다(dhammapada) _ 27

대승불교 _ 135

ㄷ

도제(道諦) _ 79

돈오견성(頓悟見性) _ 340

돈오돈수(頓悟頓修) _ 341

돈오점수(頓悟漸修) _ 322

ㅁ

말나식(末那識) _ 286, 289

멸상정(滅想定) _ 132

멸제(滅諦) _ 78

멸진정(滅盡定) _ 132

무념(無念) _ 316, 338

무명(無明) _ 90, 234

무분별후득지(無分別後得智) _ 262

무상(無相) _ 338

무상(無常) _ 100

무상계(無相戒) _ 341

무생법인(無生法忍) _ 247

무아 _ 103

무위(無爲) _ 158, 308

무자성(無自性) _ 294

무주(無住) _ 338

미륵(彌勒) _ 188

ⓗ

바라제목차
(波羅提木叉, ⓟ pāimokkha) _ 105

반야바라밀(般若波羅蜜) _ 161

반열반(般涅槃) _ 130

방일(放逸) _ 131

법신(法身) _ 204

법화7유(法華七喩) _ 204

벽지불(辟支佛) _ 75

변계소집성(遍計所執性) _ 291

보살(菩薩) _ 135

보신(報身) _ 204

본각(本覺) _ 276

부정관(不淨觀) _ 119

부파불교(部派佛教) _ 135

불각(不覺) _ 276

불방일(不放逸) _ 131

불용정(不用定) _ 131

불이(不二) _ 247

비로자나불(毘盧遮那佛) _ 253

ⓢ

사다함 _ 75

4대(大) _ 91

사마타(ⓟ samatha) _ 118

4무량심(無量心) _ 181

4법인(法印) _ 104

4불괴정(不壞淨) _ 110

4선(禪) _ 84

4성제(聖諦) _ 21, 68

4염처(念處) _ 13, 16, 111

4정근(正勤) _ 83, 107

4정단(正斷) _ 83, 107

4제(諦) _ 68

사티(ⓟ sati) _ 14

3결(結) _ 75

3독(毒) _ 83

3법인 _ 104

3성(性) _ 291

3승(乘) _ 201

3신(身) _ 204

3신불(三身佛) _ 341

3장(藏, ⓢ tri-piṭaka) _ 11

3전12행(三轉十二行) _ 72

3학(學) _ 105, 317

상락아정(常樂我淨) _ 178

섭수정법(攝受正法) _ 220

속제(俗諦) _ 304

수다원 _ 75

습기(習氣) _ 286

승가리(僧伽梨) _ 131

시각(始覺) _ 276

식처정(識處定) _ 131

10선업(善業) _ 138

10바라밀 _ 261

13관(觀) _ 139

12부경(部經) _ 130

12연기(緣起) _ 87, 90

ⓞ

아견(我見) _ 289

아나함 _ 75

아뇩다라삼먁삼보리

(阿耨多羅三藐三菩提) _ 155

아라한 _ 75

아뢰야식(阿賴耶識) _ 280, 286, 290

아만(我慢) _ 289

아비달마

(阿毘達磨, ⓢ abhidharma) _ 135

아애(我愛) _ 289

아치(我癡) _ 289

여래장 _ 172, 223

열반(涅槃) _ 92, 308

5개(蓋) _ 24, 117

5근(根) _ 108

5상분결(上分結) _ 75

5수음(受陰) _ 96

5온(蘊) _ 19, 77, 93, 96

5음(陰) _ 77, 96

5하분결(下分結) _ 75

용화삼회(龍華三會) _ 189

용화세계(龍華世界) _ 188

우담발화(優曇鉢華) _ 131

울다라승(鬱多羅僧) _ 131

원성실성(圓成實性) _ 291

위팟사나(ⓟ vipassanā) _ 118

유상무상정(有想無想定) _ 131

유위(有爲) _ 158

유전문(流轉門) _ 88

6경(境) _ 90
6근(根) _ 90
6식(識) _ 91
응신(應身) _ 204
의식(意識) _ 285, 287
의타기성(依他起性) _ 291
2제(諦) _ 304
1승(乘) _ 201
일심(一心) _ 273
일천제(一闡提) _ 181

ㅈ

자내증(自內證) _ 164, 165
자비희사(慈悲喜捨) _ 119
자성(自性) _ 340
자자(自恣) _ 231
전5식(前五識) _ 285, 287
전의(轉依) _ 292
정(定) _ 317
정학(定學) _ 105
정혜쌍수(定慧雙修) _ 322
종자(種子) _ 286
중도(中道) _ 86, 294, 320

지관(止觀) _ 118
진여 _ 319
진제(眞諦) _ 304
집제(集諦) _ 77

ㅊ

차수합장(叉手合掌) _ 131
7각지(覺支) _ 24, 115, 117

ㅍ

8불(不) _ 295
8재계(齋戒) _ 142
8정도(正道) _ 79
8풍(風) _ 315

ㅎ

행고(行苦) _ 100
혜(慧) _ 317
혜학(慧學) _ 106
환멸문(還滅門) _ 88
회삼귀일(會三歸一) _ 201

한 권으로 읽는

불교 고전

ⓒ 곽철환, 2015

2015년 7월 13일 초판 1쇄 발행
2023년 10월 20일 초판 6쇄 발행

지은이 곽철환
발행인 박상근(至弘) • 편집인 류지호 • 편집이사 양동민
편집 김재호, 양민호, 김소영, 최호승, 하다해 • 디자인 쿠담디자인
제작 김명환 • 마케팅 김대현, 이선호 • 관리 윤정안
콘텐츠국 유권준, 정승채, 김희준
펴낸 곳 불광출판사 (03169) 서울시 종로구 사직로10길 17 인왕빌딩 301호
　　　대표전화 02) 420-3200 편집부 02) 420-3300 팩시밀리 02) 420-3400
　　　출판등록 제300-2009-130호(1979. 10. 10.)

ISBN 978-89-7479-268-8 (03220)

값 18,000원